刘馨蔓 著

幼儿园传统文化
教育与实践

YOUERYUAN
CHUANTONG WENHUA
JIAOYU YU SHIJIAN

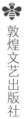敦煌文艺出版社

图书在版编目（ＣＩＰ）数据

幼儿园传统文化教育与实践 / 刘馨蔓著 . -- 兰州：
敦煌文艺出版社 , 2022.9
ISBN 978-7-5468-2235-8

Ⅰ.①幼… Ⅱ.①刘… Ⅲ.①中华文化—教学研究—
学前教育 Ⅳ.① G613.2

中国版本图书馆 CIP 数据核字（2022）第 171941 号

幼儿园传统文化教育与实践

刘馨蔓 著

责任编辑：张家骝
装帧设计：孟孜铭

敦煌文艺出版社出版、发行

地址：（730030）兰州市城关区曹家巷 1 号新闻出版大厦 23 楼

邮箱：dunhuangwenyi1958@163.com

0931-2131552（编辑部）　　0931-2131387（发行部）

兰州银声印务有限公司印刷

开本 710 毫米 × 1020 毫米　1/16　印张 13　插页 1　字数 177 千

2023 年 10 月第 1 版　　2023 年 10 月第 1 次印刷

印数：1~300 册

ISBN 978-7-5468-2235-8

定价：48.00 元

目录

第一章
传统文化教育的相关理论

一、马克思主义文化观

马克思主义文化观是马克思与恩格斯在唯物史观的基础上建立起来的关于文化的观点。马克思主义文化观有狭义和广义之分。狭义的马克思主义文化观是指马恩时期对于文化研究的观点；广义的马克思主义文化观不仅包括马克斯、恩格斯提出的对于文化的观点，还包括后人通过对马恩时期文化观的继承和研究所产生的对于文化的一系列观点和理论，其中包括列宁时期的马克思主义文化观以及马克思主义文化观中国化所产生的一系列理论成果。

马克思认为人类在改造自然的过程中产生了文化。在《1844 年经济学哲学手稿》中，马克思提出了"人化自然"的观点，揭示了文化的本质，同时也指出了生成文化本质的原因是"人的本质力量的对象化"。那么，人的本质力量的对象化又是什么呢？换句话也就是人何以"化"自然，如何"化"自然的问题。针对这一问题，马克思明确指出是"实践"，人的劳动实践活动是一种具有整体性的对象化活动。人们通过劳动实践一方面体现了自身的本质，另一方面，人也通过劳动实践"化自然"，人通过劳动实践创造对象化的世界，改造世界。[①]所以，人类的实践活动是文化产生的源泉。

马克思倡导世界视野下的民族的文化、革命的进步的文化、丰富多样的和

[①] 时雪. 马克思主义文化观在当代中国的运用和发展 [D]. 济南：山东师范大学,2014(6).

谐文化。他认为在传承民族文化的过程中要注意"扬弃"。恩格斯指出："没有希腊文化和罗马文化建立的基础就没有现代的欧洲。"①

二、关于中华优秀传统文化教育的重要论述

党和国家关于中华优秀传统文化的一系列重要论述，是新形势下做好教育工作的根本指引。加强中华优秀传统文化教育，既是当务之急，也是百年大计、千年大计；既功在当代，也会泽及后世子孙、增进人类福祉。深刻领会关于弘扬中华优秀传统文化重要思想内涵和精神实质，对于我们落实立德树人的根本任务，引导青少年增强民族文化自信和价值观自信，坚持道路自信、理论自信、制度自信、文化自信，培育和践行社会主义核心价值观，实现中华民族伟大复兴，都具有长远的战略意义和重要的时代价值。

（一）中华优秀传统文化教育的重大意义

文化是一种精神、一种信念、一种力量，是民族的血脉，是人民的精神家园。中华优秀传统文化，是中华民族的"根"和"魂"，是中华民族的血脉，是中华民族精神的标识，是当代中国社会主义核心价值观的思想渊源，也是全人类弥足珍贵的精神瑰宝。中国传统文化博大精深，学习和掌握其中的各种思想精华，对树立正确的世界观、人生观、价值观很有益处。中华文明源远流长，孕育了中华民族的宝贵精神品格，培育了中国人民的崇高价值追求。自强不息、厚德载物的思想，支撑着中华民族生生不息、薪火相传，今天依然是我们推进改革开放和社会主义现代化建设的强大精神力量，加强中华优秀传统文化教育具有重大的现实意义和长远的战略意义。

1. 中华优秀传统文化是中华民族安身立命的基础，永续繁衍的血脉，绵延不绝的"根"与"魂"

---

① 中共中央马克思恩格斯列宁斯大林著作编译局 . 马克思恩格斯选集：第 3 卷 [M]. 北京：人民出版社 ,1995:524.

"优秀传统文化是一个国家、一个民族传承和发展的根本，如果丢掉了，就割断了精神命脉。"中华优秀传统文化"体现着中华民族世世代代在生产生活中形成和传承的世界观、人生观、价值观、审美观等，其中最核心的内容已经成为中华民族最基本的文化基因"。加强中华优秀传统文化教育，关系中华民族的"根"之所系与"魂"之所牵。

2. 中华优秀传统文化是中华民族文明史的记录、民族精神的追求和标识

中华文明有着 5000 多年的悠久历史，是中华民族自强不息、发展壮大的强大精神力量，中华文化是中华儿女共同的精神基因。中华文化源远流长，积淀着中华民族最深层的精神追求，代表着中华民族独特的精神标识，为中华民族生生不息、发展壮大提供了丰厚滋养。加强中华优秀传统文化教育，关系中华民族的生存与发展。

3. 中华优秀传统文化是中华民族共同培育的民族精神的重要源泉

中华民族具有 5000 多年连绵不断的文明历史，创造了博大精深的中华文化，为人类文明进步作出了不可磨灭的贡献。经过几千年的沧桑岁月，把我国 56 个民族、13 亿多人紧紧凝聚在一起的，是我们共同经历的非凡奋斗，是我们共同创造的美好家园，是我们共同培育的民族精神，而贯穿其中的、更重要的是我们共同坚守的理想信念。加强中华优秀传统文化教育，关系中华民族共同坚守的理想信念。

4. 中华优秀传统文化是中华民族和中华儿女文化自信的重要根基

中华优秀传统文化是我们最深厚的文化软实力，是我们文化发展的母体，积淀着中华民族最深沉的精神追求。文化自信是一个民族、一个国家和一个政党对自身文化价值的充分肯定和积极践行，是对其文化生命力持有的坚定信心。我们说要坚定中国特色社会主义道路自信、理论自信、制度自信，说到底是要坚定文化自信。文化自信是更基本、更深沉、更持久的力量。这，既昭示

了文化自信具有的更加突出位置，也指明了加强中华优秀传统文化教育的紧迫性和重要性。

5. 中华优秀传统文化是当代中国实现国家现代化的重要保证

任何国家的现代化都是以其文化传统和价值观作为指导的。现代化包括物质的现代化、社会结构和生活关系的现代化，而现代化最重要的是人的现代化。为进一步落实社会主义核心价值观和加强中华优秀传统文化教育，由教育部统一组织编写的义务教育道德与法治、语文、历史三科教材，已在全国中小学起始年级投入使用。在广大青少年中加强中华优秀传统文化教育，对于当前和未来推动我国社会主义现代化事业必将产生明显而深远的影响。

6. 中华优秀传统文化是构建人类命运共同体的重要助力

党的十八大以来，习近平总书记多次论述过关于"人类命运共同体"的问题，并明确提出了"构建人类命运共同体，实现共赢共享"的中国方案。质言之，中华优秀传统文化中"天人合一"的哲学思想、"和而不同"的文化理念与"协和万邦""万国咸宁""天下为公""天下大同"的政治愿景，都与通过发展合作、实现共赢共享为核心的新型国际关系来构建人类命运共同体有着密切的内在联系。

综上所述，加强中华优秀传统文化教育，是建设中华优秀传统文化传承体系、推动文化传承创新的重要途径。中华优秀传统文化是中华民族的精神命脉，是涵养社会主义核心价值观的重要源泉，也是我们在世界文化激荡中站稳脚跟的坚实根基。加强中华优秀传统文化教育，是建设社会主义文化强国的重大战略任务，对于深入学习习近平总书记教育思想，更好地传承中华文脉、全面提升人民文化素养、维护国家文化安全、增强国家文化软实力，持续推进国家治理体系和治理能力现代化都具有重要意义；对于促进世界和平、友好、发展，减少和化解生态危机、不同文明之间和国与国之间等的矛盾冲突，也都有越来越大的隐性和显性的国际意义。

（二）中华优秀传统文化的核心思想理念

中华优秀传统文化是中华民族语言习惯、文化传统、思想观念、情感认同的集中体现，凝聚着中华民族普遍认同和广泛接受的道德规范、思想品格和价值取向，具有极为丰富的思想内涵。深入挖掘和阐发中华优秀传统文化讲仁爱、重民本、守诚信、崇正义、尚和合、求大同的时代价值，可使中华优秀传统文化成为涵养社会主义核心价值观的重要源泉。

"讲仁爱、重民本、守诚信、崇正义、尚和合、求大同"，是中华优秀传统文化中思想道德、政治理念、价值追求、人格修养、独特品质、社会理想的精华，是中华传统美德和民族精神的高度概括，是涵养社会主义核心价值观的重要源泉，集中体现了中华优秀传统文化的思想精华、道德精髓、根本精神和核心思想理念，集中体现了中华民族的传统核心价值观。加强中华优秀传统文化教育，必须围绕"讲仁爱、重民本、守诚信、崇正义、尚和合、求大同"这一核心思想理念，逐步展开，不断深化，与时俱进。

仁爱：中华文化的核心力量。思想道德建设是中华优秀传统文化的核心力量。中国人崇奉以儒家"仁爱"思想为核心的道德规范体系，讲求和谐有序，倡导仁义礼智信，追求"修身、齐家、治国、平天下"全面的道德修养和人生境界，崇尚"己所不欲，勿施于人""己欲立而立人，己欲达而达人"的"仁爱"原则。加强中华优秀传统文化教育，就是要在全社会，特别是在广大青少年中开展以仁爱共济、立己达人为重点的社会关爱教育。

民本：中华文化的价值追求。民本是中国古代政治思想的基本理念，孟子曰："民为贵，社稷次之，君为轻。"中华优秀传统文化中仁民爱物的仁爱精神、以民为本的人文精神、深厚绵长的家国情怀等，集中体现了中华优秀传统文化的人民性，反映了广大人民群众的基本价值追求。

诚信：中华文化的做人准则。诚信既是个人的立身之本，也是一个民族、一个国家的生存之基。"言必信，行必果"是历来中国人待人处世的人生哲理。加强中华优秀传统文化教育，就是要开展以诚实守信、正心笃志、崇德弘毅为重点的人格修养教育。

正义：中华文化的伦理原则。正义是人立身处世的根本，体现了社会的整体利益与个人的人格尊严。公平正义历来是人类孜孜以求的社会理想，中华民族是崇尚公平与道义的民族。孔子在2000多年前就抒发了"朝闻道，夕死可矣"的壮烈感慨和精神追求。

和合：中华文化的独特品质。爱国主义的民族深情、团结统一的价值取向、贵和尚中的思维模式、厚德载物的博大胸怀等，是中华民族精神的基本内容，彰显了中华优秀传统文化的特质。

大同：中华文化的社会理想。"大同"是古人最高的社会政治理想，激励了一代代仁人志士为其矢志不渝、奋斗不息，"大同"理想是中国梦的文化根基。实现中华民族伟大复兴的中国梦，就是要实现国家富强、民族振兴、人民幸福，既深深体现了今天中国人的理想，也深深反映了我们先辈们不懈追求进步的光荣传统。

因此，加强对中华优秀传统文化的挖掘与阐发，把超越时空、跨越国度、富有永恒魅力、具有当代价值的独特文化精神发扬光大，努力实现对中华优秀传统文化的创造性转化、创新性发展，是历史和时代赋予我们的神圣职责和重大任务，也是实现中华民族伟大复兴的必然要求和现实需要。

（三）中华优秀传统文化的基本功能、思想精华和时代价值

中华优秀传统文化有其独特的价值观和价值体系。中华优秀传统文化已经成为中华民族的基因，植根在中国人内心，潜移默化影响着中国人的思想方式和行为方式。今天，我们提倡和弘扬社会主义核心价值观，必须从中汲取丰富

营养，否则就不会有生命力和影响力。这种独特的价值体系，是中华优秀传统文化的核心与灵魂，是新时期中华民族共同价值观的感召力、影响力和凝聚力的集中体现。加强中华优秀传统文化教育必须深刻理解和认识中华优秀传统文化的基本功能、思想精华和时代价值。

1. 中华优秀传统文化的基本功能

中华优秀传统文化对化解人类面临的矛盾、冲突及人生面临的困难、困惑，能够提供强大而有益的精神滋养和价值影响。在现代社会，人类主要面临着五大冲突，即人与自然、人与社会、人与人、人与自我心灵以及不同文明之间的冲突。这五大冲突也造成了人类生态、社会、道德、精神和价值的五大危机。解决这些冲突、危机与人生面临的困难、困惑，很难从西方文化中找到答案。因为西方文化的价值追求是以自我为中心的，而中华优秀传统文化所关注的是人与自然、人与社会、人与人、人与自我心灵世界的和谐关系，和谐是中华优秀传统文化的最高准则。中华传统文化是"天人合一"之学、是人际和谐之学、是身心平衡之学、是生命存在之学、是道德践行之学、是理想人格之学、是内圣外王之学、是安身立命之学、是人生智慧之学。这是中华优秀传统文化独有的基本功能，也是中华文化为世界发展提供中国方案的根本之所在。

2. 中华优秀传统文化的思想精华

中华优秀传统文化具有独特的凝聚力、独特的延续力、独特的传承体系、独特的文化精神和独特的时代价值。从哲学层面上观察，中华优秀传统文化最重要的思想精华体现在以下几个方面：

一是"天人合一"的生命哲学。"天人合一"是中华优秀传统文化的最高境界，其核心就是强调人与自然的和谐统一，表现在人的文化行为上，就是天人合德，强调人类的道德理性与自然生生之德的一致。

二是自强不息的担当精神。《周易》中说："天行健，君子以自强不息。"

这是中华民族历经磨难而始终不败的文化精神。中国文化倡导的自强不息、刚健有为精神，既包含积极入世、主动进取的执着追求，担当道义、不屈不挠的社会责任，也包含正直独立的人格和主动创造的精神等。中华民族之所以能在 5000 多年的历史进程中饱经沧桑而自强不息，靠的就是这样一种奋发图强、坚韧不拔的精神。

三是和而不同的和谐思想。中华优秀传统文化在价值追求上，主张"和而不同""和实生物，同则不继""万物并育而不相害，道并行而不相悖"的价值取向和智慧。在政治观上，追求民族统一的"大一统"观念，注重"协和万邦"，强调亲仁善邻，在对外关系中始终秉承"强不执弱""富不侮贫"的精神，主张吸纳百家优长、兼集八方精义，注重各民族的团结统一。

四是民惟邦本的民本思想。中华优秀传统文化注重人的价值，强调以民为本，提出"敬德保民""重民轻神""恤民为德""天地之间，莫贵于人""民惟邦本，本固邦宁"等民本思想，主张治国须利民、裕民、养民、惠民，这对缓和社会矛盾、维系社会相对稳定产生了深远的影响。

五是止于至善的崇高追求。中华优秀传统文化在个人理想追求上，主张"修齐治平"。《礼记·大学》中说："大学之道，在明明德，在亲民，在止于至善。""物格而后知至，知至而后意诚，意诚而后心正，心正而后身修，身修而后家齐，家齐而后国治，国治而后天下平。"这种积极向上的个人理想追求，影响着中国一代又一代的仁人志士，修身养性，奋斗不止追求大同理想，追求"大道之行也，天下为公"的大同社会。

3. 中华优秀传统文化的时代价值

深刻认识中华优秀传统文化的时代价值，是加强中华优秀传统文化教育的前提。

中华优秀传统文化是维系中华民族团结奋进的精神纽带。中华优秀传统文化的基本内容主要包括儒、道、佛三大家思想中的精华，儒家思想构成了中华优秀传统文化的基本精神和主体框架。中华优秀传统文化融合形成了中华民族独特的向心力、凝聚力以及共同的理想信念，熔铸塑造了中华民族的民族精神、思想观念和价值追求，引领、融通、聚合、形成了中华民族强大的文化引导力和精神原动力。

中华优秀传统文化是实现中国梦的精神力量之源。没有文明的继承和发展，没有文化的弘扬和繁荣，就没有中国梦的实现，深刻地指明了弘扬中华优秀传统文化与实现中国梦的关系。实现中国梦，是物质文明和精神文明比翼双飞的发展过程。实现中华民族伟大复兴，需要文化旗帜引领，需要文化精神激励，需要文化软实力支撑，更需要文化的认同和凝聚。

（四）加强中华优秀传统文化教育的策略

加强中华优秀传统文化教育，是当前我们面临的重要历史任务和重大时代要求，必须坚持知行合一，即认识与实践相统一、科学性与艺术性相统一、可操作性与可接受性相统一。具体做法如下：

1. 认真学习领悟、深入阐发中华优秀传统文化的思想精华和文化精髓

加强中华传统文化教育就是要讲清楚中华优秀传统文化的历史渊源、发展脉络、基本走向，讲清楚中华文化的独特创造、价值理念、鲜明特色。加强中华文化传统教育就要处理好继承和创新的关系，实现中华优秀传统文化创造性转化和创新性发展。

2. 继承和弘扬中华优秀传统美德

加强中华传统文化教育就是要加强全社会的思想道德建设，激发人们形成善良的道德意愿、道德情感，培育正确的道德判断和道德责任，提高道德实践能力，尤其是自觉践行能力，引导人们向往和追求讲道德、重道德、守道德的生活，形成向上、向善的力量。

3.加强爱国主义、集体主义和社会主义教育

加强中华传统文化教育就是要坚持以事启人、以情感人、以理服人、以行引人，引导人民群众树立和坚持正确的历史观、民族观、国家观和文化观，不断增强做中国人的骨气、底气和朝气。

4.树立文化自觉，增强文化自信和价值观自信

加强中华传统文化教育就是要用博大精深、源远流长的中华优秀传统文化滋养自己，让扎根中国大地、具有时代精气神的中华优秀传统文化成为我们实现复兴、走向世界的坚实根基。

5.将中华传统文化教育贯穿国民教育全过程

加强中华传统文化教育就是特别要在学校教育中践行全员育人、全程育人、全方位育人。加强中华优秀传统文化类课程和教材体系建设，在中小学全面开展中华优秀传统文化进教材、进课堂、进头脑工作，在高校开设中华传统文化类课程，为学生提供丰富选择。把中华优秀传统文化全方位融入思想道德教育、文化知识教育、艺术教育、体育教育和社会实践教育各环节，贯穿于启蒙教育、基础教育、职业教育、高等教育和继续教育各领域。

6.充分调动全社会的积极性和创造性

加强中华文化传统教育必须加大宣传教育力度，讲活中国故事。坚持全党动手、全社会参与，把中华优秀传统文化教育的各项任务分解、落实到农村、企业、社区、机关、学校等，形成齐抓共管、共建共学的新局面。

"不畏浮云遮望眼，自缘身在最高层。"中华优秀传统文化是中华民族的血脉和灵魂，是我国全面建成小康社会，加快推进社会主义现代化建设，实现中华民族伟大复兴中国梦的内驱动力的精神之源，也是中华文化走出去的外驱动力的力量之源。我们坚信，通过加强中华优秀传统文化教育，中华儿女一定会不忘初心，继续前进，求真务实，攻坚克难，为更好地共圆中国梦、造福全

人类，作出新的更大的业绩和奉献。[①]

三、陶行知"生活即教育"思想

陶行知的生活教育思想是在充分认识中国教育传统和现实的基础上提出来的。

首先，生活含有教育的意义。

陶行知说：教育的根本意义是生活之变化。生活无时不变，即生活无时不含有教育的意义。因此，我们可以说："生活即教育"。陶行知认为之所以生活具有教育意义是由于生活中的矛盾使然。"受过某种教育的生活与没有受过某种教育的生活摩擦起来，便发出生活的火花，即教育的火花，发出生活的变化，即教育的变化。"所以说，"生活与生活一摩擦便立刻起教育的作用。摩擦者与被摩擦者都起了变化，便都受了教育。"因为生活的矛盾无时无处不在，生活也就随时随地在发生教育的作用。从生活的横向发展来看，"过什么生活也便是在受什么教育：过康健的生活便受康健的教育；过科学的生活便受科学的教育；过劳动的生活便受劳动的教育；过艺术的生活便受艺术的教育；过社会革命的生活便受社会革命的教育。"从生活纵向的发展来看，生活伴随人生始终，"生活教育与生俱来，与生同去。出世便是破蒙，进棺材才算毕业。"陶行知主张人们积极投入到生活中去，在生活的矛盾和斗争中去选择和接受"向前向上"的"好生活"。

其次，实际生活是教育的中心。

陶行知始终把教育和社会生活联系起来进行考察，认为"生活教育是生活所原有，生活所自营，生活所必需的教育"。生活与教育是一回事，是同一个过程，教育不能脱离生活，教育要通过生活来进行，无论教育的内容还是

---

① 翟博 . 加强中华优秀传统文化教育 [N/OL]. 中国教育报 ,[2017-8].http://edu.people.com.cn/GB/n1/2017/0831/c1053-29506412.html.

教育的方法，都要根据生活的需要。他强烈批判以书本、以文字为中心的"老八股"和"洋八股"教育，认为书本和文字不过是生活的工具，书本和文字的教育之过在于把书本和文字当成教育本身，把读书当成教育的本身，以为读书之外无教育，是大错特错了。因此，要"用生活来教育"，通过生活来教育，教育与生活要有高度的一致性。

再次，生活决定教育，教育改造生活。

陶行知说："从生活与教育的关系上说，是生活决定教育。"生活决定教育，表现为教育的目的、原则、内容和方法都为生活所决定，是为了"生活所必需"。当我们在提倡民主教育时，它"应该是健康、科学、艺术、劳动与民主组成之和谐的生活，即和谐的教育"。当我们在中国办教育时，这种教育就应当是为了人民大众的生活需要和幸福解放的教育，如果不是这样，教育就没有存在的必要。另一方面，教育又能改造生活，推动生活进步。陶行知认为，教育是民族解放、大众解放、人类解放之武器。这充分说明了教育对社会政治改造的作用，而他本人一生从事教育，就是在培养能够承担改造社会重任的人。教育不仅改造着社会生活，也改造着每个个人的生活，"教育的作用，是使人天天改造，天天进步，天天往好的路走。"因此，生活决定教育，教育改造生活，两者相辅相成。

"生活即教育"所强调的是教育以生活为中心，所反对的是传统教育脱离生活而以书本为中心。尽管陶行知"生活即教育"思想中的生活与教育的概念相等同，在系统的知识传授方面有所忽视，但在破除传统教育脱离民众、脱离社会生活的弊端方面，有十分重要的意义。

生活教育理论实质上就是一种具有中国特色的、行之有效的教育理论，与时代发展同步，既反映政治、经济和文化生活发展的趋势，又符合学生身心发展的规律，着重培养学生生活力和创造力。具体地说，生活教育理论具有以下特色：

第一，生活教育的目的——"造就中华民族的伟大的新生命"

陶行知是一位坚定的教育救国论者，他认为要改造落后的中国，应先改革中国的教育。他经常对人说：中华民族的根本出路在于中华民族教育的根本出路，而中华民族教育的根本出路又在于中华民族乡村教育的出路。

第二，生活教育的培养目标——"真人"

"千教万教教人求真，千学万学学做真人。"真人是陶行知的培养目标，真人就是真善美的人，真人就是德智体和谐发展的人，真人就是智仁勇俱全的人。首先，陶行知的真人培养目标是针对传统教育培养"假人"的教育提出来的。陶行知写过一首《假人》诗，"世界如何坏？坏在假好人。口是而心非，虽人不是人。"这种假人到处骗人，而且处处得手，使得社会一片黑暗。因此，陶行知要培养真人。真人读书不是为了文凭，"宁可真白丁，不要假秀才"。真人读书不是为了分数，而是为了学到真本领。其次，陶行知的真人目标是针对传统教育为升学而读书、为做官而读书、为个人发财而读书提出来的。他要培养的真人是以改造社会、改造农村为己任，他能为中国农村、为农民的幸福鞠躬尽瘁，死而后已。真人从老百姓中来，最终又回到老百姓中去，为老百姓服务。真人不是人上人，而是人中人。真人具有为民族复兴而献身的牺牲精神。最后，陶行知的真人是针对传统教育中培养"少爷""小姐"式的学生提出来的。这些少爷、小姐手无缚鸡之力，饭来张口，衣来伸手，事事要人侍候。只会分利，不会生利，一生只会死读书，读死书。因此，他要培养的真人，要具备五种生活力：科学的生活力、健康的生活力、劳动的生活力、艺术的生活力和改造社会的生活力。从陶行知创办的晓庄师范学院的培养目标看，"真人"的标准就是三个条件："第一有农夫的身手；第二有科学的头脑；第三有改造社会的精神。"

第三，生活教育的内容——以"生活"为中心

教学内容直接关系到教育目的和培养目标。陶行知认为，中国传统的教育内容是以文字为中心，是以与生活脱离的无用知识为中心，不能真正培养人的生活能力。也可以说，中国的教科书是应试的书，专供书呆子读的书。陶行知以当时通行的小学常识与初中自然教科书为例进行剖析，认为这些书最多只配称作"科学的识字书"和"科学的论文书"而已。这些教科书不教你在利用自然中去认识自然，也不教你试验，也不教你创造，"它们只能把您造成一个自然科学的书呆子"。陶行知对教学内容的总要求是什么？他提出三条标准：第一，"看它有没有引导人动作的力量，看它有没有引导人干了一个动作又要干一个动作的力量。"也就是说教科书要有引导学生动手的力量，使儿童的手从仅仅起握笔的作用中解脱出来，成为"万能的手""开天辟地的手"。第二，"看它有没有引导思想的力量，看它有没有引导想了又想的力量。"一本好的教科书，要给儿童以启发、以思考、以创造的作用，从而达到举一反三，学以致用的目的。第三，"看它有没有引导人产生新价值的力量，看它有没有引导产生新益求新的新价值的力量"。根据上述三个标准，陶行知对教学内容提出一个总要求："我们要活的书，不要死的书；要真的书，不要假的书；要动的书，不要静的书；要用的书，不要读的书。总起来说，我们要以生活为中心的教学做指导，不要以文字为中心的教科书"。按照上述标准和总要求，陶行知提出了十分广泛，且又与生活密切联系的教学内容体系，大致分为五大类：第一类有关健康的教学内容，第二类有关劳动生活的教学内容，第三类有关科学生活的教学内容，第四类有关艺术生活的教学内容，第五类有关社会改造生活的教学内容。很显然，陶行知所要的教学内容，不是应试的内容，不是升学的内容，而是社会生活所需要的内容。

第四，生活教育的教学方法——"教学生学"

陶行知曾对中国教师的教学方法做过调查研究，认为有相当多教师"只会教授，只会拿一本书要儿童来读、来记，把活泼的小孩子做个书架子、字纸篓"。也就是说，教育界普遍存在着"以教师为中心，以教为中心"的现象。这从人们的日常称呼中也可以感觉到。譬如叫老师为"教员"，所从事的职业叫"教书"，教书的方法叫"教授法"。好像教师是专门教学生书本知识的人，似乎除了教书以外，便没有别的本领，便没有别的事做。陶行知的生活教育理论反对以"教"为中心，主张"教学做合一"。陶行知是国内最早主张把"教授法"改为"教学法"的人。他在南京高等师范学校担任教务主任时，提倡"把全部课程中之教授法一律改为教学法"。陶行知认为，"事怎样做就怎样学，怎样学就怎样教，教的法子要根据学的法子，学的法子要根据做的法子"。根据这个基本思想，陶行知提出教学方法改革的三条思路：第一，"先生的责任不在教，而在教学，而在教学生学"。如何教会学生学呢？陶行知认为，一方面先生负指导的责任，另一方面学生负学习的责任。老师不要把现成的解决问题的方法传授给学生，而是要把解决问题的过程和思想告诉他。通俗地说，不要把现成的小鱼给小猫，而是要"授之以渔"，教会小猫钓鱼；不要把现成的金子给学生，而是要把点石成金的手指头交给学生。第二，"教的法子必须根据学的法子"。学生怎样学，先生就怎样教，也就是说，教师的教学方法要建立在学生的知识水平、个性和学习特点的基础上。学得多教得多，学得少教得少，学得快教得快，学得慢教得慢，真正实现因材施教。第三，"先生不但要拿他教的法子和学生学的法子联络，并须和他自己的学问联络起来"。也就是说，教师要不断自我进修，才可以做一个好教师，才可以不断地改进自己的教学方法。总之，教学方法一定要从以"教"为中心，转到以"学"为中心，让学生学会学习。

第五，生活教育的教学场所——"社会即学校"

陶行知认为：传统的学校教育往往是与社会隔离的。一是形式的隔离，学校围起高高的围墙，挂着"闲人莫入"的虎头招牌。学校与学校，社会与社会，互不相关。二是内容上的隔离，所学非所用，所用非所学，学校教育不能为社会"生利"服务，而社会也当然不支持学校发展。三是培养目标的隔离，学校所培养的人才，"四体不勤，五谷不分"，完全是分利的书呆子，学校毕业就等于失业。基于上述原因，陶行知提出"社会即学校"的口号，就是以社会为学校，学校与社会打成一片。要把学校的围墙拆去，同时要把"各人心中的心墙"拆除。要把大家的感情、态度，从以前传统教育那边解放出来，改变过来，把整个社会变成一个大学校。打个形象的比喻，传统学校好比是鸟笼，学生好比是鸟笼中的小鸟。陶行知认为，鸟的世界应该是大森林，应当将小鸟从鸟笼中放出来，到大森林中自由飞翔。同理，学生的世界应该是大自然、大社会。为什么主张"社会即学校"呢？陶行知认为，把整个社会作为学校，如此，教育的材料、教育的方法、教育的工具、教育的环境都可以大大增加，学生、先生也可以更多。因为用这样的办法，不论校内校外的人，都可以做师生。陶行知先生创办的晓庄师范学院就是这样的一所学校。"头上顶着青天，脚下踏着大地。东南西北是他的围墙，大千世界是他的课堂，万物变化是他的教科书，太阳月亮照耀他工作，一切人，老的、壮的、少的、幼的、男的、女的都是他的先生，也都是他的学生"。陶行知的晓庄师范的确体现了他"社会即学校"的思想。晓庄师范的活动是与周围40多个村庄连在一起的。如晓庄医院、晓庄中心茶园、联村自卫团、联村运动会等，都是为农民服务的。正因为如此，晓庄师范受到了农民的欢迎，真正与农民、与社会打成了一片。

第六，生活教育的根本——"道德是做人的根本"

陶行知反复强调："道德是做人的根本。根本一坏，纵然使你有一些学问和本领，也无甚用处。并且，没有道德的人，学问和本领愈大，为非作恶愈大。所以我在不久以前，就提出'人格防'来，要我们大家'建筑人格长城'。建筑人格长城的基础，就是道德。"那么，如何筑起人格的长城呢？陶行知认为，首先要教育学生明确学习的目的。要树立为博学而学习、为独立而学习、为民主而学习、为和平而学习、为科学创造而学习的精神。其次，要修身养性，要具有"大丈夫"的气概。所谓"大丈夫"的人格，就要做到富贵不能淫，贫贱不能移，威武不能屈。大丈夫还须有独立的意志、独立的思想、耐劳的筋骨、耐饿的体肤和耐困乏的身躯，去为建立中华民族繁荣富强的基础而奋斗不息。最后，要养成良好的行为习惯，陶行知曾亲自为育才学校学生制订"育才十二要"，作为育才学生的行为规范，要求每个学生自觉遵守。即：一要诚实无欺；二要谦和有礼；三要自觉纪律；四要手脑并用；五要整洁卫生；六要正确敏捷；七要力求进步；八要负责做事；九要自助助人；十要勇于为公；十一要坚韧沉着；十二要有始有终。总而言之，陶行知认为，道德教育对人、对社会是非常重要的，"是做人的根本"，因此一定要加强道德教育。

第七，生活教育的精髓——创造力

创造教育是生活教育理论的立足点和归宿。传统的教育，特别是应试教育制度下的教师，不但不培养学生的创造力，而且还要扼杀学生的创造力。陶行知的《糊涂的先生》一文，就曾深刻地揭露了这种现象。"你这糊涂的先生！你的学堂成了害人坑！你的墨水笔下有冤魂！你说瓦特庸。你说牛顿笨。你说像个鸡蛋坏了的爱迪生。若信你的话，哪儿来火轮？哪儿来电灯？哪儿来微积分？"那么，如何来培养儿童的创造能力呢？陶行知在 1943 年月 10 月 16 日的育才学校师生大会上，发表了著名的《创造宣言》演说。提出教育者要研究教育的"创造理论和创造技术"，他认为"先生之最大的快乐，是创造出值得自己崇拜的学生"。针对师生对教育创造的畏难情绪，陶行知满怀信心地表示

"处处是创造之地，天天是创造之时，人人是创造性之人"，只要大家去努力，创造之神一定会降临我们中间。此后，陶行知又写了《创造的儿童教育》一文，具体提出通过"六大解放"来培养儿童的创造力：一要解放小孩子的头脑。儿童的创造力被固有的迷信、成见、曲解和幻想层层包缠了起来。因此，要把儿童的头脑从迷信、成见、曲解和幻想中解放出来，大胆地想象，大胆地思考，大胆地创造。二要解放小孩子的双手。传统教育要求小孩静坐、静读、静写，不许小孩子动手，小孩的双手被束缚起来，就不能执行头脑的命令。因此，陶行知要求教师和家长，不要束缚儿童的双手，让儿童的双手在大脑的指挥下大胆地去干，大胆地动手，大胆地创造。三要解放小孩子的嘴。让儿童大胆地讲，大胆地提问，大胆地表达自己的思想。"发明千千万，起点是一问"，可见，大胆地提问是多么重要。四要解放小孩子的空间。让小孩从教室中、从校园中解放出来，在大社会、大自然、大森林中，扩大认识的眼界，以发挥内在创造力。五要解放儿童的时间，让儿童有自己的时间去创造。六要解放儿童的眼睛，让儿童自己观察自然、观察社会，培养自己的观察力。陶行知解放儿童创造力，培养儿童创造力的思想正确地指出了教育改革和发展的方向。

四、陈鹤琴的"活教育"理论

陈鹤琴是我国幼儿教育的开拓者和奠基人，他针对当时以死读书为教育目的，以固定的课程、呆板的教材、注入式教学的现状提出自己的"活教育"体系，在批判中建立新的教育理论与方法体系，包括目的论、课程论、方法论及教学原则等，至今对幼儿园教育教学活动依然有着深刻的影响。[1]"做人，做中国人，做现代中国人"是活教育理论的基本培养目标，是活教育理论需解决的根本问题。在规定教育的内容、原则、方法等的基础上，它明确了幼儿首先要学会做

---

[1]江苏省陈鹤琴教育思想研究会.陈鹤琴教育思想研究文集[M].北京：人民教育出版社,1997:57.

正直、有高尚品德与良好习惯的人，进一步教育幼儿做符合中国国情和时代发展需求的现代中国人。"大自然，大社会都是活教材"是活教育的第二大目标，它规定了教育内容，即活教育的课程论。活教育课程是针对一味崇尚书本、与环境接触少、脱离实际的旧教育而提出的，活教育课程以大自然和大社会的活教材为教育的主要内容，分别通过健康活动、社会活动、科学活动、艺术活动和文学活动这五种教育活动进行，根据幼儿的心理发展特点，将五种教学活动融合于幼儿园的整个教育活动之中，结成一个完整的教育网络，以单元形式进行编排，形成单元教学，弥补了分科教学的缺点。[①] "做中学、做中教、做中求进步"是活教育的第三个目标，规定了活教育的方法论。活教育提倡"做"是在教师指导下的做，是理论与实践相结合的做，在这个过程中"做"能够使教师教得更好、使学生学得更扎实、更有效。"做"是中心，"活"是灵魂，所谓"活"是要让教师能"教活书，活教书，教书活"，让幼儿能"读活书，活读书，读书活"。活教育理论的发展是陈鹤琴先生及众多教育工作者不断科学实验的过程，是借鉴国外先进经验并结合我国教育状况不断创新的过程，对今天的教育教学工作仍有借鉴意义。

---

①江苏省陈鹤琴教育思想研究会.陈鹤琴教育思想研究文集[M].北京:人民教育出版社,1997:209-217.

第二章
幼儿园课程的基本理论

一、幼儿园课程概述

（一）幼儿园课程

与其他各级各类教育的课程相比，幼儿园课程有其独特性。最明显的差别表现在教育对象上，以幼儿为教育对象的幼儿园课程的决策，要求教育者更多地关注幼儿个体的发展水平，这是因为在这一时期，个体发展的速度比任何时期都迅速，他们的学习能力极大地依赖其自身的发展。因此，以幼儿为教育对象的幼儿园课程的决策应该充分考虑每个幼儿的发展水平。

1.早期对幼儿园课程的理解

20世纪二三十年代，以杜威为代表的进步主义教育思想对我国教育影响比较大，那时将幼儿园课程看作是幼儿在幼儿园活动的经验。我国的幼教先驱们，都曾提出过对幼儿园课程的理解和解释：

张雪门认为，幼儿园的课程"就是给三足岁到六足岁的孩子所能够做而且喜欢做的经验的预备"。[①]

张宗麟认为，"幼稚园课程者，由广义地说之，乃幼稚生在幼稚园一切之活动也。"[②]

陈鹤琴尽管没有给幼儿园课程下过明确的定义，但是他也强调幼儿园应

①戴自俺.张雪门幼儿教育文集（上卷）[M].北京：北京少年儿童出版社,1994:24.
②张宗麟,张泸.张宗麟幼儿教育论集[M].长沙：湖南教育出版社,1985:31.

该给予幼儿充分的经验，这种经验的来源是幼儿与实物的接触和与人的接触，而且要以自然环境和社会环境为中心组织幼儿园的课程。这也是对幼儿园课程的解释。

2. 当代对幼儿园课程的理解

在课程多元化发展的今天，人们对课程的理解也是多角度、多方面的。综观当代幼儿园课程概念的诸多定义，我们可以发现，我国幼儿园课程定义主要有三种取向：学科取向、活动取向和经验取向。

（1）学科取向

赵寄石、唐淑（1988）认为，幼儿园课程是反映幼儿园某一科目的客观规律的整体教育结构或反映幼儿园整体教育客观规律的总体结构。

卢乐山（1991）认为，课程是幼儿园整体教育或某一科目教学的教学内容、教学过程和时间安排等。

（2）活动取向

王月媛（1995）认为，幼儿园课程是幼儿园中幼儿的全部活动或经验。

冯晓霞（1997）认为，幼儿园课程是幼儿在幼儿园教育环境中进行的、旨在促进其身心全面和谐发展的各种活动的总和。

傅淳（1997）认为，幼儿园课程是幼儿在幼儿园有目地、有计划地安排以及教师指导下为达到幼儿教育目标而进行的各种有程序的学习活动。

（3）经验取向

李季湄（1997）认为，幼儿园课程是实现幼儿园教育目的的手段，是保证幼儿获得有益的学习经验、促进其身心和谐发展的各种活动的总和。

刘炎（2000）认为，幼儿园课程是根据幼儿园教育目标为幼儿设计和组织的、有益于其身心健康和谐发展的全部学习经验。

虞永平（2001）认为，幼儿园课程是从幼儿身心发展的特点和特定的社会文化背景出发，有目的地选择、组织和提供的综合性的、有益的经验。

从我国学者对幼儿园课程的诠释过程可以看出，人们对课程的理解从成人视角向儿童角度过渡，从对教学设计的重视向儿童获得经验的重视，体现了人们对儿童理解和对儿童教育的一种变化。

（二）幼儿园课程与幼儿的发展

1.课程组织形式将影响幼儿知识结构的形成

课程是幼儿认识世界的主要载体，影响到幼儿认识世界的方式方法，课程的组织也就必然影响到幼儿知识结构的形成。

（1）课程内容的组织将决定幼儿的知识技能和经验的排列方式

课程内容的组织，主要指对知识技能和学习经验的排列和组合方式。在实践中一般有以下几类：以学科为中心的课程组织，以幼儿为中心的课程组织，以社会问题为中心的课程组织。课程内容不同的组织直接影响着幼儿习得的知识内容。如在以学科为中心的组织形式中，若采取分科的形式，幼儿所学到的就是语言、计算、音乐、美术及体育等科目的课程，课程帮助幼儿建立了以学科为系统的知识体系；而以幼儿为中心的课程组织形式，则强调幼儿的发展及幼儿经验的获得，尤为重视幼儿生存能力的培养，幼儿学到的知识可能更符合幼儿发展的需要，课程将幼儿放在主体地位，帮助幼儿形成主动学习和主动建构的能力；以社会问题为中心的课程组织形式较多地强调社会价值，多以社会问题为中心来组织与之相关的学科内容和学科经验，在幼儿园的教学中主要表现为围绕一个"主题"来组织儿童的学习经验和生活经验，使幼儿建构起与社会关联度较高的社会认知结构。可见，课程内容的组织形式不只是帮助幼儿从某个角度获取知识，更重要的是帮助儿童在获得知识的过程中形成不同的知识结构与认知方式。

（2）课程过程的组织将影响幼儿的知识建构方式

幼儿教育是向下扎根的教育，它在整个教育体系中处于奠基石的位置。幼儿园课程是幼儿教育的载体，它直接影响幼儿在这一阶段所获得的经验及发展，从而为其今后的发展奠定基础。课程过程的组织从设计上看，包括三方面的选择与组合：教育的途径、活动的形式和教学的方法。课程过程的不同组织形式将直接影响幼儿的知识构建方式，如教育的途径直接影响了儿童知识的来源，是课堂教学还是幼儿园的日常活动；活动的形式影响了幼儿接受知识的形式，是在集体中习得的还是个别习得的；教学的方法影响了儿童学习的主动性，是被动地接受教师传递的知识，还是主动地成为学习的主体。教师在组织课程实施的过程中要时刻考虑到幼儿在这个过程中的间接发展，幼儿获得知识建构的方式，帮助幼儿建立起主动架构知识的方法，有助于促进其今后的学习和发展。

2. 课程内容向幼儿传递世界丰富的信息资源

幼儿园的课程内容可谓包罗万象，它不要求幼儿建构多么深奥、系统的知识体系，而是基于幼儿丰富的想象力与多样化的兴趣，帮助幼儿从多方面、多渠道、多角度去认识世界、了解世界和感受世界。

幼儿园课程担负着将丰富多彩的世界以幼儿可以理解和接受的方式呈现给幼儿的重任，并使其在课程实施中获得经验、得到发展。《幼儿园教育指导纲要（试行）》总则中明确指出："幼儿园应为幼儿提供健康、丰富的生活和活动环境，满足他们多方面发展的需要，使他们在快乐的童年生活中获得有益于身心发展的经验。"[①]

以五大领域课程为例，此课程虽然没有为幼儿教学列出具体的课程内容清单，但是对教师提出了明确的要求和引导，即教师在课程实施中要做什么、

---

①教育部.关于印发《幼儿园教育指导纲要试行》通知：教基〔2001〕20 号 [A/OL]. 〔2001-07-02〕.http://www.moe.gov.cn/srcsite/A06/s3327/200107/t20010702_81984. html.

怎样做和追求什么。在健康、语言、社会、科学、艺术五大领域中分别从目标和内容等方面为幼儿建构了丰富的信息资源。

（1）健康领域

健康领域的目标确立了儿童的健康高于一切的价值观念，正如17世纪英国伟大的哲学家和启蒙思想家约翰·洛克（John Locke，1632—1704)指出：人生幸福有一个简短而充分的描述——健康之精神寓于健康之身体。凡是身体、精神都健康的人就不必再有什么别的奢望了；身体、精神有一方面不健康的人，即使得到了别的种种，也是徒然。[①]幼儿健康包括七个方面：心理健康、动作的协调发展、良好的生活习惯、积极向上的情绪、融洽的人际关系和良好的性格特征等，并以丰富多彩的形式组织幼儿的健康活动。

（2）语言领域

幼儿能够乐意与人交谈，讲话礼貌；注意倾听对方讲话，能理解日常用语；能清楚地说出自己想说的事；喜欢听故事、看图书；能听懂和会说普通话。以上幼儿语言领域的发展标准确立了语言发展的方向，强化了幼儿交际过程中的语言学习和语言运用，使儿童语言学习变得生动和鲜活，并启发成人为幼儿创设丰富的语言环境和多样化的获取语言信息的方式。

（3）社会领域

从帮助儿童实现向社会人的转化过程中必须具备的各种行为准则入手，引导幼儿顺利实现其自身社会化的过程，在交往、合作、分享等社会性活动中培养良好的社会品质；在游戏、学习等活动中培养独立、自信、勇敢等个性品质；在教师引导下萌发其对家乡、祖国、民族、人类等高级情感。为幼儿创设丰富的社会信息资源，能够帮助幼儿在童年期逐步实现社会化，并为获得完善的人

---

①［英］约翰·洛克著. 教育漫话［M］. 傅任敢，译. 北京：人民教育出版社,1985:24.

格打好基础。

（4）科学领域

好奇心和探究欲望是人类认识活动必不可少的主观前提，是探究和学习的原动力和内驱力。它不仅能提高认识活动的积极性和效果，还能使认识活动成为快乐的事。科学教育的价值就在于让幼儿在丰富的客观世界中去观察、去探究、去动手、去发现，并在解决问题的过程中获得感受、学会学习、学会交流、学会解决问题。科学教育要满足幼儿强烈的好奇心和求知欲，使幼儿感受到世界的丰富性和多样化，感受到自我的能力，并产生对世界不断探索的欲望。

（5）艺术领域

艺术领域为幼儿创设了一个启迪情趣、体验审美愉悦、创造快乐、体现自我创造的成就感的过程，艺术以其形象性、愉悦性、开放性、宽容性和自主性为幼儿展示了丰富多彩的世界。

3. 良好的课程将促进幼儿的全面发展

（1）幼儿园课程对幼儿的终身发展具有不可估量的价值

幼儿园的生活，是幼儿社会化的起点。在幼儿这最初的发展中，幼儿的多种行为习惯开始形成，开始了解基本的生存和与他人相处的规则。教师的一言一行、一举一动，一个不经意的表扬或批评都会对幼儿弱小的心灵产生潜移默化的影响，由此可以看出幼儿园课程的重要性。

（2）幼儿园的学习是儿童终身学习的开端

幼儿园课程除了肩负知识技能传授的重任之外，更多的是让幼儿为未来的学习做好准备。这种准备包括很多方面，如生活自理能力、读写能力、简单的数学能力、感知能力、理解能力、交往能力、规则意识等。这些能力均在以后的生活学习中有重要的作用。

（3）幼儿园课程帮助儿童成长

幼儿园的课程，对幼儿当前的发展具有重要的影响。幼儿阶段是幼儿感知运动技能、认识理解能力、思维情感能力、社会交往能力飞速发展的阶段。而幼儿园的课程无疑都为这些方面的发展提供了可能性和可靠助力。

由此可见，幼儿园课程无论对幼儿的长远发展还是对其当下发展都至关重要。我们一定要遵循幼儿发展规律，遵循其认知发展水平。我们不能过急地去传授一些不符合幼儿发展水平的知识，而且一定不能忘记幼儿园课程要以幼儿的身心健康发展为首要目标。

（三）幼儿园课程与教师的专业成长

教师是对幼儿的身心发展最具影响力的人，是构成幼儿成长环境的最重要组成部分，同时也是推动儿童发展最具动力性的因素。幼儿教师对孩子的影响具有多层次性和多途径性。这种影响涉及幼儿的认知与学习、信念与态度、社会性与个性、情感和心理健康等多个方面。因此教师的教育能力、个人素质，教师的教学技能及教师的人格魅力，会在幼儿的生活中打下深刻的烙印，对孩子的影响将是深远的、弥散的。我们每一位教师应该珍视自己的职业，努力使自己成为对一个人生命最初几年重要的、积极的影响者，由于幼儿教师的存在使孩子们的童年生活充满快乐和美好的回忆。

在我国，幼儿园教师对教材的选择以及对课程内容的判断对幼儿教育质量起着重要的作用。可以说，教材的选取和识别，是教师教育水平的一种体现。这就要求教师要不断加强对理论的学习，提升自己的理论水平，理解新的课程思想，在有了明确的、科学的教育理念的基础上，才会对教育内容、教材有很好的把握，使课程实施变得比较顺利。

随着园本课程研究的深入，幼儿园课程与教师专业成长的关系越来越紧密，教师不再仅仅只是课程的执行者，同时还是新课程的开发者。课程与教师的关系不再是单行线，一方面，课程的开发依赖于教师的专业发展水平；另一方面，课程的开发无疑也会促进教师的专业发展。教师参与到课程的开发、实施、评价的整个过程中，不仅会对课程产生深刻的理解，更会促进其自身的专业发展，并且这种参与开发新课程的挑战，会很好地克服教师的职业倦怠。

在幼儿教育中，幼儿园课程与教师的专业发展尤为紧密。因为相对于小学、中学的教育，幼儿园的教育身兼保育和教育的双重任务，幼儿园的基本教育宗旨是促进幼儿体、智、德、美全面发展，从而使幼儿园以游戏为基本形式的课程形态有别于中小学的学科课程，在课程计划、课程实施等方面也要比小学、中学的灵活度要大得多。所以，幼儿园的课程应更多地融入幼儿的生活和游戏之中，更应该体现其实践价值，而教师应在这种集创造、实践、反思的课程实施中促进其专业的自我成长与发展。

二、幼儿园课程模式

所谓模式（Model），按照《现代汉语词典》的解释，是指某种事物的标准形式或使人可以照着做的标准样式。在《韦氏大学字典》中，对"Model"的其中一个解释是"模仿或者效法的样板"（An exam ple for imitation or emulation）。而在《柯林斯精选英语词典》对"Model"的一个解释是"一个正在被使用的体系"，同时人们可能进行模仿以便获取类似的结果。从词源上我们可以发现，模式其实是一个工业时代的术语，或者更准确地说，模式是工业时代的"隐喻"。把"模式"一词应用到教育上，是班级授课制的变式，也是追求效率的工业时代的核心价值观。

对于课程模式的解释，埃利斯·伊文斯（Evans，E.D.）指出："课程模式是某个宏大的教育方案（A grand education plan）中的基本哲学要素、管理要素与教学要素的理想性概括，它包含了内部连贯一致的陈述，这些概念性的表述描绘了这个教育方案为了达到预期的教育效果而设计的被预先假定是有效的理论前提、管理政策和教学程序。"①

郭晓明在《关于课程模式的理论探讨》中提出："课程模式是典型的、以简约的方式表达的课程范式，具有与某种特定教育条件相适应的课程结构和课程功能。"②在他的论述中，他特别强调了课程模式的"典型性"和"简约性"。

张博将幼儿园的课程模式概括为："课程模式是课程实施的要素及各要素之间的联系所构成的课程方案或课程框架。从理论上讲，课程由课程的要素所组成，特定的课程要素及其联系构成了特定的课程模式。组成幼儿园教育课程模式的要素主要有理论假设、课程目标、课程内容、课程方法、课程具体类型、各教育因素的组合方式及课程效果评价。"

目前，我国幼儿园课程表现出前所未有的多样化和丰富性。

众多正在实施的课程虽然还没有形成经典的、完整的课程模式，但人们从理论和实践的研究中正在总结适合我国幼儿园现状的课程模式。现将我们可以称其为课程模式的案例介绍如下。

（一）我国幼儿园课程模式

1. 陈鹤琴的"五指活动课程"

五指活动课程是由我国著名的幼儿教育家陈鹤琴先生创编的。1923 年，陈先生在南京创办鼓楼幼稚园，开始了他探索中国化幼儿教育的改革之路。他以鼓楼幼稚园的课程编制为实验，提出了五指活动课程：课程的内容由五方面组成，它犹如人的五个手指头，是活的、是可以伸缩的，但却是整体的、连通的、互相联系的。五指活动在儿童生活中结成一个教育的网，有组织、有系统、合理地编织着儿童的生活。

---

① Evans,E.D.Curriculun model and early childhood education.In Spodek, B(ed.),Handbook of Research in Early Childhood Education,New York:The Free Press,1982:107.
② 郭晓明 . 关于课程模式的理论探讨 [J]. 课程·教材·教法，2001(1).

（1）课程的基本理论观点

陈鹤琴将"活教育"作为课程编制的基础，其理论体系包括三大方面，即活教育的目的论、活教育的课程论和活教育的方法论。

活教育的目的论：活教育的目的就是"做人、做中国人、做现代中国人"。那么这样的人应该具备什么条件呢？第一，要有强健的身体；第二，要有建设的能力；第三，要有创造的能力；第四，要有合作的态度；第五，要有服务的精神。

活教育的课程论：陈鹤琴提出"大自然、大社会都是活教材"的观点。他认为，大自然、大社会才是活的书、直接的书，应该向大自然、大社会学习。

活教育的方法论："做中教、做中学、做中求进步"是活教育的基本方法。活教育非常重视直接经验，强调以"做"为中心，主张儿童在学校里的一切活动，凡是儿童自己能够做的，就应当让他们自己做。因为做了就与事物发生直接的接触了，就能得到直接经验，就知道做事的困难，就认识了事物的性质。所以陈先生把教学过程分为实验观察、阅读参考、发表创作以及批评研讨四个步骤，同时提出了活教育的 17 条教育原则：

①凡儿童自己能够做的，应当让他自己做；

②凡儿童自己能够想的，应当让他自己想；

③你要儿童怎么做，应当教儿童怎么学；

④鼓励儿童去发现他自己的世界；

⑤积极的鼓励，胜于消极的制裁；

⑥大自然、大社会是我们的活教材；

⑦比较教学法；

⑧用比赛的方法来增进学习的效率；

⑨积极的暗示，胜于消极的命令；

⑩替代教学法；

⑪注意环境，利用环境；

⑫分组学习，共同研究；

⑬教学游戏化；

⑭教学故事化；

⑮教师教教师；

⑯儿童教儿童；

⑰精密观察。

以上 17 条教学原则可以综合概括为活动性原则、儿童主体性原则、教学法多样化原则、利用活教材原则、积极鼓励原则和教学相长的原则等。它们基本上包含了当代教育心理学和教学论所倡导的主要原则，尤其适用于幼儿园教育。

（2）课程目标

五指活动课程的目标有：

①做人：有合作的精神、同情心和服务精神。

②身体：有健康的体格，养成卫生习惯，并有相当的运动技能。

③智力：有研究的态度、充分的知识和表意的能力。

④情绪：能欣赏自然和艺术之美，养成快乐的精神，打消惧怕的情绪。

（3）课程内容

五指活动的五个方面是：

①健康活动：包括静养、饮食、睡眠、早操、游戏、户外活动、健康检查和散步等。

②社会活动：包括升降旗、朝夕会、周会、纪念日集会、每天的谈话及社会常识等。

③科学活动：包括植物的培植、动物的饲养、自然现象的观察以及相关的研讨、计数和对当地自然环境的认识等。

④艺术活动：包括音乐（唱歌、节奏、欣赏）、图画和手工等。

⑤语文活动：包括故事、儿歌、谜语和阅读等。

陈鹤琴先生认为，幼儿园的课程全部包括在五指活动中，并采用单元制，各项活动都围绕着单元进行教学。即便如此，儿童能够学和应该学的东西也还是很多的，对于如何选择课程内容，陈鹤琴提出选择课程内容应遵照的三条标准：

①凡儿童能够学的东西，就有可能作为幼儿园的教材，但有时在"能学"的标准之下，还要有点限制，比如，有些东西小孩子虽然能学，不过学习会妨碍其身心的发育，那就不必勉强他学习。

②教材须以儿童的经验为依据。

③凡能使儿童适应社会的就可取之为教材。

(4) 课程组织

五指课程在组织上反对分科教学，认为儿童的生活是整个的，教材也必定是整个的，各部分互相连接，不能四分五裂。幼儿园课程应根据儿童身心的发展，使五指活动在儿童生活中结成一个教育的网，有组织地、有系统地、合理地编织在儿童的生活中。但这种有系统地组织应以什么为中心呢？这当然要根据儿童所处的环境。陈鹤琴认为，儿童的环境不外乎两种：一种是自然环境，包括动植物和自然现象；一种是社会环境，包括个人、家庭和集社等类的交往。可确定的中心如节日，包括中秋、重阳、元旦、端午等节日；自然界的应时物，包括秋菊、冬雪、春桃、夏荷等；社会事件，包括纪念日、庆祝会和恳亲会等。自然和社会这两种环境是儿童天天接触到的，应当成为幼儿园课程的中心。幼儿园的课程可以从这两大类环境中选择儿童感兴趣的而且又适合儿童的人、事、物作为中心，以单元主题来组织，各项活动都围绕单元进行，使各科之间构成内在联系，形成整体。这种课程内容组织的方法，陈鹤琴先生称为"整个教学法"，即把儿童所应该学的东西整个地、有系统地教给儿童，后来改称为"单元教学法"。那么如何设计与组织单元活动呢？陈鹤琴先生提出了单元活动大致要经历的过程与注意问题：

①本星期教育会议上讨论下星期大约可以做些什么。

②把要做的活动拟定以后，商议它的内容，大约分几个步骤可以做的。

③教师将各项活动需要使用的材料和可以参考的书详细预备。不过所谓预备是教师自己的预备，不是替儿童件件准备停当。

④寻找或布置一个适当的环境来导入这个设计。

⑤教师应顺着儿童的兴趣，引起学生各方面的活动，并且与各科联络。但是并不强求合乎预定的设计。

⑥时间完全不限制。多做就多做，少做就引入别的设计来。

⑦儿童如不能维持到做完全部设计的历程，教师急需考察一下，究竟是什么缘故，可以补救吗？

⑧儿童临时产生的兴趣，教师要尽力去指导，有时也可以把全部预定的设计改变，做这个临时发动的事。

⑨儿童急需看到结果，所以各个设计中当分做许多小段落，他们的兴趣方面才可以维持。

⑩同一设计单元里，各方面的活动很多，儿童愿意做哪一方面，应该让其自由选择，不要希望每个儿童每方面都做到。在同一单元中，许多活动是需几个人合作的，也有许多工作活动是需单独做的。教师可以做他们的指导，同时可以训练几个儿童来做"小老师"。

⑪每个设计单元的每一个阶段或一方面的活动，一旦完成得到结果，应当有简短的评价。

（5）课程的编制与实施

关于幼稚园课程的编制，陈鹤琴先生提出了三种方法：

①圆法，是指各预定的单元相同，研究的事物也相同，不过取材内容随着儿童年龄的不同而分别予以适当的教材和分量。即各班课题相同而要求由浅入深地开展教学。

②直进法，就是将儿童生活中可能接触到的事物，依照事物的性质和内容的深浅而分布在各个不同年龄的班级里，如小班研究猫和狗、中班研究羊和牛、大班研究马和虎。即各班课题和要求均不相同。

③混合法，是编制课程时运用最多的通用法，就是在编织课程的时候，以上的两种方法均须采用。即课题和要求相同或不同。

在课程的实施方面，五指教学强调：

①采用游戏式教学方法。陈先生认为，游戏是儿童生来喜欢的，儿童以游戏为生活。幼儿园应当采用游戏式的教学方法去教导儿童，要以自动代替被动。儿童在游戏中、在活动中学习，往往会收到事半功倍的效果。

②采用小团体的教学法。由于幼儿的年龄参差不齐，智力各不相同，兴趣又不一致，因此在教学时应采用小团体式，区别对待，分组实施，使处于不同发展水平的幼儿都有所长进。

③通过环境的创设和材料的提供引起幼儿的学习动机。陈先生强调，教师要希望儿童做某种活动，或使儿童明了某种观念，就需要布置环境，投放教材以刺激儿童，而且在环境创设时要依据教育的内容变化，材料的摆放要适合儿童，高度以一米的视线为标准。

除此之外，陈鹤琴先生还提出了比较法、比赛法、代替法以及观察法等，通过多样化的方法，生动、形象、具体地向幼儿进行教育。同时教学中都以"做"为出发点，在做的过程中去学，在做的过程中去教，在做的过程中去求进步。

（6）课程的评价

陈鹤琴先生认为，课程评价如果没有具体的标准，就没有办法对课程的实施过程及儿童的发展进行督察与评定，也就谈不上对课程做进一步的改进。他说："考察品行，应当有品行的标准；甄别习惯，应当有习惯标准；检验技能，应当有技能标准；测验知识，应当有知识标准。"①所以鼓楼幼稚园最初便把考察幼稚生的成绩——主要是幼稚生应有的习惯技能作为实验的主要内容了。在 1925 年，陈鹤琴与张宗麟一道编定了《幼稚生应有的习惯和技能表》，包括卫生习惯、做人的习惯（个人的、社会性的）、生活的技能、游戏运动的技能、表达思想的技能、日常的常识等 185 项指标。每项指标都很具体、明确，如卫生习惯里要求儿童"不吃手指""不随地吐痰"，做人的习惯里要"不说谎"，生活的技能里要"会自己吃饭""会洗手"，日常的知识里要求儿童能"识别植物二十种""会做十以内的加减""要知道日、月、时间"，等等。这要求幼稚园结合儿童心理和认识上的特点，运用形象生动、直观的方法对儿童进行检查与督察，从而开创了我国幼儿园课程评价的历史。

2. 张雪门的行为课程

幼儿园行为课程是由我国著名的幼儿教育家张雪门先生创编的，早在 20 世纪三四十年代，他就与我国的幼儿教育专家陈鹤琴先生有"南陈北张"之称。他一生潜心研究幼儿教育，针对当时幼稚园"以教材为中心"的状况，提倡幼稚教育生活化、幼儿生活教育化。经过长期的实践和理论研究，他形成了完整的幼稚园课程理论——行为课程及其方案。

（1）行为课程的理论来源

①社会变革引发的对幼儿园课程的思考。五四运动前后，随着中国新文化

---

①陈鹤琴.陈鹤琴全集（下)[M].南京：江苏教育出版社,1989:124.

运动的推进，我国的一批幼教前辈为了寻求幼儿教育新的发展方向，分析国内当时幼儿园课程的特点，张雪门及一批有识之士开始了探索幼儿园课程科学化与中国化的道路。

②中国文化的启发。张雪门先生深受中国传统文化的浸染，其中，王阳明"知是行之始，行是知之成"的观点对他的行为课程有直接的影响，可以说是其建构行为课程的理论基石。也正如张雪门先生所讲：唯有从行动中所得到的认识，才是真实的知识；从行动中发生的困难，才是真实的问题；从行动中所获得的胜利，才是真正制驭环境的能力。[1]所以，他的幼儿园行为课程强调幼儿认识的起点在于"行"，只有行动才能产生认识，只有行动才能发展认识。

③西方实用主义教育思想的影响。张雪门先生的行为课程也深受杜威实用主义教育思想的影响，在其行为课程中，强调儿童的直接经验，强调儿童与环境的相互作用，把课程的本质看作直接经验的总和。正如张雪门先生所言："课程是经验，是人类的经验，用最经济的手段，按有组织的调制，用各种方法，以引起孩子的反应和活动。"[2]1918年前后，杜威的学生克伯屈创立的"设计教学法"传入我国，这种教学法主张学生自发决定学习的目的和内容，让学生在自己的设计、自己实行的单元活动中，获得有关的知识和解决问题的能力。设计教学法在我国当时的教育界引起广泛的关注。张雪门先生通过自己的亲身实践，以设计教学法为基础，发展行为课程实施的一般程序，即动机、目的、计划、实行和评价，这也成为行为课程实施的一大特色。

此外，张雪门先生的行为课程也受到福禄贝尔、蒙台梭利课程思想的影响，同时也吸收了行为主义心理学的一些观点，这些都是构成其行为课程的重要理论基础。

---

[1] 戴自俺 . 张雪门幼儿教育文集（上卷）[M]. 北京：北京少年儿童出版社 ,1994:1456.
[2] 戴自俺 . 张雪门幼儿教育文集（上卷）[M]. 北京：北京少年儿童出版社 ,1994:369.

（2）幼稚园行为课程的基本观点

什么是课程？张雪门早在1929年就从教育哲学的高度提出，课程"原是适应生长基本价值的选品，其目的和自然生长完全一致"。[①]"课程是什么？课程是经验，是人类的经验，用最经济的手段，按有组织的调制，用各种方法，以引起孩子的反应和活动。"[②]幼稚园的课程就是"给三足岁到六足岁的孩子所能够做而且欢喜做的经验的预备。"[③]这些经验不是零散的，也不是无序、不讲效益的自然经验，而是有目的、有计划、有组织地通过活动让儿童获得的有益经验。他反对把课程当作"知识的积体"，当做书本的知识，主张把技能、知识、兴趣、道德、体力、风俗礼节种种的经验，都包括在课程里。换一句话来说，课程是适应生长的有价值的材料。可见，幼稚园课程实质包括了儿童在幼稚园的一切经验、一切活动，甚至一切生活。

什么是行为课程？张雪门先生说："生活就是教育，五六岁的孩子们在幼稚园生活的实践，就是行为课程。……这门课程包括了工作、游戏、音乐、故事等材料，也和一般的课程一样。然而，这门课程完全根源于生活；它从生活而来，从生活而开展，也从生活而结束。"[④]可见，生活与行为是行为课程的基本要素，也正如张雪门先生所说："所谓生活原是整个的具体活动，虽包含了文字、数字等种种的经验……不过是成人研究上的途径。儿童进入幼稚园的时候，凡能唤起他生活的需要，扩充他生活的经验，形成他生活的意识，全当作自己动作的表现。"行为课程强调将幼稚园的课程自然地融合在儿童的生活中。

———————————

①戴自俺.张雪门幼儿教育文集（上卷）[M].北京：北京少年儿童出版社,1994:371.
②戴自俺.张雪门幼儿教育文集（上卷）[M].北京：北京少年儿童出版社,1994:369.
③戴自俺.张雪门幼儿教育文集（上卷）[M].北京：北京少年儿童出版社,1994:24.
④戴自俺.张雪门幼儿教育文集（上卷）[M].北京：北京少年儿童出版社,1994:181.

（3）行为课程的目标

早在 1930 年，张雪门先生就在《幼稚教育概论》中指出："现在，我们研究幼稚教育，不但要认清教育的意义，更当辨明教育的目的。"①完全以儿童为本位，成就儿童在该时期内身心的发展并培养其获得经验的根本习惯，从适应环境入手，提出"幼稚园课程的目的，在于联络孩子们的旧观念，以引起其新观念，更谋其旧经验的打破、新经验的建设。"②幼稚园的课程目标就是满足儿童心身的需要，养成儿童"扩充经验的方法"与习惯，培养其生活的能力与意识，从而使幼儿的身心得到全面的发展。他确立了以社会需要为远景，以儿童个体发展需要为近景的幼稚教育任务，让儿童置身于其可接触的生活环境中充分发展，体现了幼稚园课程对儿童自身价值的尊重。

（4）行为课程的内容

儿童到幼稚园要学些什么？幼稚园教师须教些什么？教和学又怎样地联络起来？这三个问题就是幼稚园教材研究的中心。不过，他指的教材与我们传统的教材观有所不同。他认为，"教材的范围很大，并不限于一首歌曲、一件手工，凡儿童从家到校，从校到家，在家庭、道路、幼稚园所受到的刺激，能够引起儿童生活的要求，扩充儿童生活的经验，潜移儿童生活的意识都是。"③那么作为教材的经验其来源如何呢？张雪门先生认为有三个方面：一是本身个体发展而得；二是和自然环境相接触而得；三是从社会环境交际而得。

根据这一认识，张雪门先生把行为课程的内容划分为：

①儿童自发的诸般活动，即儿童自身发展中所进行的一些活动。

①戴自俺.张雪门幼儿教育文集（上卷）[M].北京：北京少年儿童出版社,1994:25.
②戴自俺.张雪门幼儿教育文集（上卷）[M].北京：北京少年儿童出版社,1994:128.
③张雪门.张雪门幼稚教育新论[M].上海：上海中华教育书局,1935:15.
④戴自俺.张雪门幼儿教育文集（上卷）[M].北京：北京少年儿童出版社,1994:394.

②儿童的自然环境，即儿童周围生活中一切有关自然界的事物与知识，如植物、动物以及儿童对各种自然现象的活动。

③儿童的社会环境，即儿童现在生活与未来生活相关的社会生活知识，如家庭、邻近的地方、各种职业活动等。

张雪门先生认为，"行为课程主要包括手工美术、言语、常识、故事、音乐和算术。"[①]行为课程的内容就是儿童周围生活的自然环境与社会环境中能为儿童所接受并有助于其身心发展的各种经验。

另外，张雪门先生还提出了选择教材的五条标准：

①符合儿童的需要。张雪门先生认为幼稚园的孩子喜欢模仿，而且好奇心很强，所以大人的事、动植物的生长、天气的变化、各种感觉游戏等，都能引起他们探求新经验的欲望，所以把这些材料编入课程，定能适合儿童的兴趣。

②照顾到社会生活的意义。一个人要想很好地适应社会生活，就必须认识社会生活的很多东西，如文字表达、数的概念、穿衣的技能。此外，饮食、起居、风俗等，这都应是课程内容的一部分。

③在儿童自己的环境里搜集材料。儿童所能反应的，是他自己环境里的社会，但绝不是成人的社会。因此，要从儿童周围的家庭、社会环境中去搜集材料。

④关注社会生活的重要。张雪门先生认为，"课程固然是实现现在，但并不是放弃将来"[②]，其内容应关注环境，又能有利于社会的发展。

此外，张雪门先生认为，儿童日常生活中所产生的兴趣感情和动作的冲动，虽然有时是暂时的，但如果有利于儿童的发展，便利于儿童适应环境，教师就要抓住这种机会，并选择相应的内容给予儿童练习的机会。

---

①戴自俺.张雪门幼儿教育文集（上卷）[M].北京：北京少年儿童出版社,1994:404.
②戴自俺.张雪门幼儿教育文集（上卷）[M].北京：北京少年儿童出版社,1994:127.

（5）行为课程的组织

张雪门先生认为，幼稚园课程的组织与中小学、大学等有所不同，它有自己的特点与要求。具体有三点：第一，是整体的。幼稚园的课程与中小学的课程有所不同，它不应是分科的，而应是整体的，是一种具体的整体活动。第二，偏重于儿童个体的发育。幼稚生时期，满足个体的需要，实甚于社会的需求，而我们编制课程时，不能忽略社会的需求。但须极力注意儿童现在的需要和能力。第三，注重儿童的直接经验。"幼稚园的课程，须根据儿童自己直接的经验，虽然这种经验不如传授的经验整齐、经济，但对于儿童来讲，通过直接的学习价值更大。"[①]此为幼稚课程的整体性、直接性与个体性。

另外，张雪门先生在其20世纪70年代出版的《中国幼稚园课程研究》一书中，对其几十年幼稚园课程实践研究又做了进一步的总结，提出了组织幼稚园课程的一些标准：课程须和儿童的生活联络，是有目的、有计划的活动，事前应有准备，应估量环境，应有相当的组织，且须有远大的目标。各种动作和材料，全须合乎儿童的经验能力和兴趣。动作中须使儿童有自由发展创造性的机会，各种知识、技能、兴趣和习惯等全由儿童直接的经验中获得。

（6）行为课程的实施

张雪门先生指出，行为课程的要旨是以行为为中心，强调"做"即行动的价值，提倡"做、学、教"打成一片。他所提倡的幼稚园课程，首先应注意的是实际行动，凡扫地、抹桌、熬糖、炒米花以及养鸡、养蚕、种玉米和各种小花，能够实际行动的，都应让幼儿去行动。他反对给孩子灌输抽象的死知识，要求重视儿童的实际行动在课程实施中的作用。事怎样做必怎样学，怎样学必怎样教，做、学、教打成一片，才能完成行为课程。张雪门先生提出

---

①戴自俺.张雪门幼儿教育文集(上卷)[M].北京:北京少年儿童出版社,1994:342-343.

了"行为"在课程中应用的两条原则：

第一，课程固由于自然的行为，却须经过人工的精选。

第二，课程固由于劳动行为，却需在劳动上劳心。[①]

为了进一步保证课程实施中行为的有效价值，运用设计教学法来拟订行为课程计划，采用单元教学来进行，具体包括：

①动机。行为课程把激发儿童的学习动机放在第一位。张雪门认为人的行为固然千殊万变，可是他的动机不外乎两种，第一种是由于内心的需求，第二种是由于外界的刺激，所以行为课程实施首先要诱导儿童自发的动机，有时也需要教师利用环境、设备和语言等来引起儿童的动机。

②目的。行为课程的目的，并不是儿童自己学习的目的，而是指教师希望儿童在这一行为中所获得的效果。从目的和内容来看，涉及所获得的知识、技能、兴趣与态度、习惯等。如教师选择饲养动物的单元，其目的在于鼓励儿童研究动物的形态、习性和饲养的方法，并了解动物与人类的关系等。教师只有确定了教学目的后，才能有效地指导儿童在课程中的行为，教学也才能有一定的标准。

③活动。为了达到教学的目的，张雪门先生认为必须认真设计"活动的要领、参加的人数、活动的时间和地点及每一小段的程序"等。这一步骤主要是计划预设活动，所以只做大体轮廓的估量，在之后的行为实践中，就应做详细的计划，以便能切合实际需要。

④活动过程。张雪门先生指出："活动如何开始？如何展开？如何结束？在组织课程时，是一种极重要的估量。"[②]然而它只是行动的要点，尚缺乏具

---

① 戴自俺.张雪门幼儿教育文集（下卷）[M].北京：北京少年儿童出版社,1994:1090-1091.

② 戴自俺.张雪门幼儿教育文集（下卷）[M].北京：北京少年儿童出版社,1994:1094.

体的内容，所以必须拟订具体的活动过程，便于教师的指导。

⑤工具及材料。张雪门认为，这一项的估量，虽然仍旧根据固有的各种科目拟订具体使用的工具和材料，但由于行为不是机械的，所以也有一定的变化。

行为课程是起于活动而终于活动的有计划的设计，实施过程中采用单元教学法，彻底打破了各科的界限，在各教材中选择与学习单元相关的材料加以运用，使各科教材自然地融合在儿童的实际生活中。

（7）行为课程的评价

幼稚园行为课程是张雪门先生一生实践与智慧的结晶，也是他与同事们在长期的教育实践中集体工作的结果。幼稚园行为课程的基本思想就是"生活即教育""行为即课程"，对当今的基础教育课程改革有重要的借鉴与启发价值。其意义如下：

①重视生活在儿童课程中的教育价值。

自发的生活，应该是自觉的、有计划的生活。而这样的生活是需要对儿童的日常生活进行过滤与组织的，为此张雪门先生提出了一系列组织幼稚园课程的标准，如既要与儿童的生活有联络，又要有目的、有计划。教育与生活的融合，并不意味着教育等同于一般意义上的生活，作为从日常生活中分化出来并成为制度化生活的教育（包括课程）总有自己独特的魅力。

②兼顾社会需求、儿童发展需要及文化的作用。

张雪门先生的幼稚园行为课程目标经历了一个由批判传统的社会中心到倾向于儿童中心，又由中国的社会现实认识到应兼顾社会与儿童个体两方面的发展过程。这种转变不仅奠定了张雪门幼稚园行为课程在课程史上的独特地位，而且也使其理论超出了纯教育的范畴，考虑到了社会文化在课程中的作用。

③强调行动在儿童发展中的积极导向价值。

张雪门提出了"做、学、教合一"的教学方法。他的这一思想是针对幼稚园的"教师只管教，学生只管受教"的情况提出来的，他把儿童从片面的知识灌输中解放出来，让儿童自己做、自己想、自己去发现世界，把儿童作为学习的主体。而教师是在儿童学习活动中自然地"教"，即"做上教"，从而把教师的教和儿童的学统一在"做"上，突出了儿童的主体地位和直接经验。他的"做、学、教合一"的思想超越了杜威单纯的"做中学"，不仅仅是简单的"做"，更有在"做上学"和"做上教"，这样就把儿童的"做""学"与教师的"教"自然、有机地结合起来了，强调了课程实施中行动的积极导向价值，避免了只有盲目的行动而没有发展的倾向，对现代学校的教学具有重要的启发意义。

（二）国外幼儿园课程模式

1. 瑞吉欧课程模式

瑞吉欧·艾米利亚（Reggio Emilia）是意大利北部的一个小城市，以其富裕、低失业率和犯罪率、广泛而高质量的社会服务以及高效和诚实的地方管理机构闻名。该城市的教育工作者、家长和社区成员发展了一套独特具有变革性的幼儿教育务学理论。以幼儿园组织方法和环境设计原则，自1981年开始以"当眼睛越过围墙时"为题在瑞典和世界各地举办展出。1987年在美国的展出，更名为"儿童的一百种语言"，此后，瑞吉欧成为欧洲幼教的变革中心。

（1）课程目标和内容

关于瑞吉欧教育体系的课程模式，瑞吉欧教育体系的创始人洛利斯·马拉古奇（Loris Malaguzzi）曾直言道："我们确实没有什么计划和课程。如果说我们靠的是一种值得让人羡慕的即席上课的技巧。那也不正确，我们也不依靠机会，因为我们深信，我们在某种程度上可以期待我们尚未了解的事物。我们确实知道的是，与幼儿在一起，三分之一是确定的，三分之二是不确定的或新的事物……我们可以相信的是，幼儿随时准备帮助我们，他们可以为我们提供想法、建议、问题、线索和遵循的路线……幼儿所有的帮助，加上我们对

情境的付出，形成了一种十分完美的宝贵资源。" [1]

从以上的表述中，我们就能看到瑞吉欧课程模式的一大特点就是课程目标和内容的生成性，即它的课程目标和课程内容不是提前确定好的，而是教师与幼儿在课程进行中始终共同协商确定的。教师根据自己对儿童的了解以及前期的经验对可能出现的种种情况作出假设而生成一种具有弹性的目标；同时，教师将根据活动中幼儿的反应以及活动的进程来确定活动的发展方向和活动的具体目标。课程的内容来自周围的环境，来自生活中儿童感兴趣的事物、现象和问题，来自他们的各种活动。

（2）项目教学

项目教学（也称方案活动）是瑞吉欧课程体系的主要组成部分和表现形式。瑞吉欧教育体系中的项目教学有其自身的特点，主要表现在以下几个方面：

①创造性的表达

马拉古奇认为，只要成人能为儿童安排促进其创造性发展的环境，儿童就有可能运用多种符号系统（马拉古奇称之为"儿童的一百种语言"）表现和表达自己。一百种语言意味着儿童用多种不同的方式或多种不同的符号系统，在不断探索、不断形成假设并不断验证的过程中，记录、理解并表现自己在活动过程中经历的记忆、想法、预测、假设、观察和情感以及最终的问题的解决。它不仅指文字语言，还包括许多非文字语言，包括动作、绘画、建构、雕塑、阴影游戏、拼贴画、戏剧表演、音乐等方式，尤其是这些艺术的语言能够最大可能地把儿童的学习"可视化"，并促进儿童经验的交流。

②共同建构

瑞吉欧教育体系强调儿童学习和发展中社会交往的重要性，相信儿童在作

---

[1] Edwards.C.,Gandini.L&Forman.G.,The Hundred Languages of Children[M]Ablex Publishing Corporation,1988:61.

用于材料的过程中产生与他人交流自己想法的需要，并在与他人相互作用的过程中共同建构知识。项目教学多以小组方式进行，儿童与他人的合作、分享、交流和协商是方案活动的核心。

③细致多样的记录

瑞吉欧的教师善于通过持续细致地观察、倾听幼儿，采用如笔记本、照相机、录音机、幻灯机、录像机等不同的工具，从不同的角度对幼儿在不同的探索活动中的全过程进行记录。记录及其整理过程中教师也会不断地反思，包括对活动指导策略的思考，对幼儿认知方式的把握，对方案在不同阶段的进展状况以及幼儿使用多种符号表征世界的方式等进行反省，这便使教师能够再一次地聆听与回顾活动过程，为教师提供了更加了解幼儿想法与做法的机会，帮助教师进一步地确定方案的下一个步骤与路径。记录也帮助幼儿进一步地回忆与记忆，拓宽其学习的范畴，同时也为家长了解幼儿、与幼儿互动、与学校互动提供了机会。

④教师的作用

在瑞吉欧教育体系中，教师是儿童的伙伴、养育者和指导者。高品质幼儿教育最主要、最直接的创造者是幼儿教师，因此，他们非常重视教师所扮演的角色及其作用：

A. 教师是儿童的伙伴、倾听者和活动的参与者，与儿童是平等的。

B. 教师是学校环境的设计者与布置者，引导儿童在讨论与协商中发展方案主题，开展方案活动。

C. 教师是儿童活动的支持者和引导者，帮助儿童发现、明确自己的问题和疑问，鼓励儿童相互交流，共同活动，共同建构知识。

D. 教师是学习者与研究者，在帮儿童获得全面、和谐发展的同时，也要不断学习，不断研究，提升自己的专业素养。

E. 教师是档案袋的记录者和保存者，通过档案袋对儿童活动进行记录，并为公共展示做准备（在工作室的协助下）。

F. 教师是班级的主要管理者，具备一定的行政沟通与交流技能，并在各级政府中都是积极的决策参与者和倡导者，与政府密切合作，关注社会及社区的发展。[1]

⑤课程评价

瑞吉欧幼教模式的特色体现在很多方面：对儿童合作、主动建构、发现学习的强调；对建立在儿童的兴趣之上的项目教学的重视，这种教学方式不规定时间，有助于儿童深入理解综合了艺术、科学、数学和语言等的课程内容；强调教师系统地研究儿童的学习和知识建构、认真地观察和记录孩子、成为儿童学习的合作者和研究者乃至维持和家长及社区的高水平的双向交流；关注创设美的、变化的、多样性的和启发性的环境等，无不反映出一个与众不同的成功的幼教体系的特色，体现了理想的幼儿教育的发展方向。

2.蒙台梭利课程模式[2]

玛丽亚·蒙台梭利(Maria Montessori，1870—1952)是意大利教育家，被誉为在世界幼儿教育史上自福禄贝尔以来影响最大的一位幼儿教育家。蒙台梭利早年从事医学工作，研究智力缺陷儿童的心理教育问题。1907年，在罗马的贫民区开设了第一所"儿童之家"，将对智力缺陷儿童的教育方法运用于正常儿童。她在儿童教育实验的基础上，经过半个多世纪的探索，创建了一套独特的儿童教育理论和方法，并将自己的这一教育思想和教学方法发展成为一个国际性的运动，对世界儿童教育的改革和发展产生了深刻的影响。

（1）课程目标

蒙台梭利课程模式以培养儿童成为身心均衡发展的人为目标，通过作业

①缪胤,房阳洋.蒙台利教育和瑞吉欧教育之比较研究[J].长沙:学前教育研究,2002(5).
②朱家雄.幼儿园课程[M].上海:华东师范大学出版社,2003:247.

的方式，让儿童把内在的生命力表现出来，在作业过程中培养儿童的注意力，在自由而主动的活动中让儿童自我纠正，使儿童在为其设置的环境中成为具有特质的人。

（2）课程内容

在蒙台梭利课程模式中，教育内容由四个方面组成，它们是日常生活练习、感官训练、肌肉训练和初步知识的学习。教师通过创设环境、提供蒙台梭利教具、对儿童进行观察和引导等方法，对儿童实施教育。

日常生活练习旨在培养儿童的独立自主能力和精神，学习实际生活的技能，并促进儿童注意力、理解力、协调力、意志力的发展以及良好的生活习惯的养成。与儿童自身有关的日常生活练习主要是儿童的自我服务，包括穿脱衣服、刷牙、洗脸、洗手、梳头、洗手帕等；与环境有关的日常生活练习主要是做家务工作，包括扫地、拖地板、擦桌子、摆餐桌、端盘子、开关门窗、整理房间等。

感官训练是蒙台梭利教学法的主要特点，旨在通过视、听、嗅、味、触等感官的训练，增进儿童的经验，让儿童在考察、辨别、比较和判断的过程中提高自己的能力。蒙台梭利设计了 16 套教具，用于对儿童的感官训练。每一套教具都是按从简单到复杂的顺序设计的。在蒙台梭利的感官训练中，触觉训练最为主要，因为蒙台梭利相信幼儿常以触觉替代视觉或听觉。

蒙台梭利认为肌肉训练有助于儿童的发育和健康，有助于儿童动作的灵活和协调，也有助于儿童意志的锻炼和合作精神的培养。蒙台梭利设计了专门的器具，如攀登架、绳梯、跳板和摇椅等，用作对儿童的肌肉训练。蒙台梭利还设计了有音乐伴奏的走步、跑步和跳跃练习以及徒手操，用以锻炼儿童的肌肉力量，发展儿童的节奏感。此外，蒙台梭利还通过儿童的自由游戏，让儿童在玩球、铁环和棍棒、手推车等的过程中得到肌肉的锻炼。

初步知识的学习包括蒙台梭利认为的幼儿可以学会的阅读、书写和算术。在算术教学方面，除了运用感觉教育的教具之外，蒙台梭利还设计了一套算术教学的教具，用于对儿童实施算术教学。算术教学教具的运用是与教学目的匹配的。例如，为了让儿童理解 0 至 10 的数字和数量，可运用的教具有数棒、砂数字板、纺锤棒和纺锤箱等；为了让儿童认识十进位的基本结构，可运用的教具有金色串珠、数字卡片等。

（3）教师的作用

蒙台梭利强调教师在教育中的角色及其作用，她自己更是亲自培训合格的蒙台梭利教师，并创立了一套独特的教师培训法。在蒙台梭利教育中，教师的角色主要体现在以下几个方面：①教师是"导师"，是"平等中的首席"，应该尊重儿童、热爱儿童，用平等的、谦逊的态度去看待儿童。②教师是观察者，应特别重视观察儿童和了解儿童，从而能够真实、准确地把握儿童的内心世界，揭示儿童的需要，洞察儿童的个性。③教师是环境与活动材料的创设者和展示者，应该为儿童创设具有兴趣性和探索性的、可供儿童与之相互作用的活动环境与材料，并且知道怎样向儿童传递知识、展示材料的使用方法。④教师是儿童活动的指导者和引导者，应该引导儿童积极主动地探索环境、操作材料、发现环境中的问题并通过自己的努力解决这些问题。⑤教师是儿童自由的保障者，保障儿童的活动不受干扰。①

3.海伊斯科普课程

海伊斯科普（High/Scope）课程，又称"高瞻课程"，是由美国儿童心理学家韦卡特（Weikart D.P）创立，被称为皮亚杰式早期教育方案中最重视教师作用的一种课程体系。它倡导的主体性教育与全面发展的理论顺应了各国教

---

①缪胤.房阳洋.蒙台利教育和瑞吉欧教育之比较研究[J].长沙:学前教育研究,2002(5).

育改革的方向，在世界上引起了广泛的重视。该课程以关键经验作为建构课程的框架，通过环境进行教育，在强调幼儿的主动学习的同时，突出教师的指导作用；它特别强调语言在儿童思维发展中的作用；对实施学前教育方案有具体详细的说明，既有指导性原则，又有具体应对的策略，还列举了许多实例，因而具有非常强的可操作性。

（1）课程目标

海伊斯科普课程的发展大致归纳为三个阶段：1971 年之前、1971 年到 1979 年和 1979 至今。该方案从只关注处境不利的特殊儿童群体到全体儿童；从只注重儿童的认知思维的发展到以认知发展为中心，同时注重儿童的社会性与情感的全面发展；从重视人与物的关系到重视人与人之间的关系。1995 年，海伊斯科普课程以"主动学习"为核心，围绕发展所必需的一系列关键经验，创设学习环境，引发幼儿与环境相互作用的活动，从而引发幼儿的学习。其主要的教育目标基本上是培养儿童上小学所应具备的认知能力。一直到 20 世纪 80 年代，"主动学习"从关键经验中剥离出来，成为海伊斯科普课程的核心指导思想，其最终目标变成使幼儿成为一个能够主动学习的人。成熟了的海伊斯科普学前课程已经摆脱了以认知为目标的单一课程趋向，开始走向综合化，即非常注重儿童社会性与情感的发展。[①]

（2）课程内容

海伊斯科普课程方案要培养的是一个全面发展的儿童。这种全面发展的理念由海伊斯科普课程的关键经验体现出来。关键经验是海伊斯科普课程的重要部分，它是对学前儿童一系列社会的、认知的和身体发展情况的描述。因此，熟悉了关键经验，有利于教师将它作为观察、描述儿童行为的工具，更好地理

---

① 余忠华, 徐旭荣 . 浅评 High/Scope 课程 [J]. 当代学前教育 ,2008(1).

C. 从不同的空间角度观察事物和场景；

D. 体验和描述物体的相对空间位置；

E. 体验和描述物体和人的运动方向；

F. 体验和描述事物之间和地点之间的相对距离；

G. 体验和描述事物有什么样的结构和各部分的功能；

H. 学习确定教室、幼儿园以及周围环境中各种物体的位置；

I. 理解绘画和图片中所表征的空间关系；

J. 识别和描述各种形状。

时间关系：

A. 制订计划和完成计划；

B. 描述和表达过去的事件；

C. 用语言推测即将发生的事件；

D. 按信号开始或停止一个动作；

E. 识别、描述不同的运动速度；

F. 在讲述过去和将来的事件时，学习使用惯例的时间单位；

G. 比较时间的间隔（短、长、新、旧、年轻、年老、一会儿、长时间等）；

H. 注意观察把钟表和日历当作时间消逝的标记；

I. 观察季节的变化。

事实上，这些关键经验并非课程的目标，它们可以通过适合儿童不同发展水平的多种活动来获取。这些活动可以由教师组织，也可以由儿童自发开展。包含关键经验的活动不是相互排斥的，任何一个单独的活动都可以包含几种关键经验。事实上，关键经验不是作为教学的日程，或是特定活动的"菜单"，而是教师了解儿童活动中的知识内容和智力活动过程的提示，它给教师实施课程提供一种方式，把教师从对工作手册和工作程序表的服从中解脱出来。总之，关键经验可被教师作为安排和解释课程的一种组织化的工具，是教师指导儿童活动以及评价儿童发展的框架。①

（3）课程的组织和实施

海伊斯科普课程的实施是由"计划—做（工作）—回忆"三个环节以及其他一些活动组成的。"计划—做（工作）—回忆"这三个环节是课程实施的最重要部分，通过这些环节，儿童有机会充分表达自己所参与活动的打算，也能使教师密切地参与到整个的活动过程之中。

在"计划时间"中，教师给予儿童表达自己想法和打算的机会，通过让儿童做他们自己决定做的事，使儿童体验独立工作的感受以及与成人和同伴一起工作的快乐。在计划制订出来以前，教师与儿童反复讨论计划，帮助儿童在其头脑中形成自己的想法，以及如何实施其计划的概念。对教师而言，与儿童一起决定计划，为鼓励儿童的想法、提出更好的建议、了解和估计儿童的发展水平和思维方式等提供了机会。

"工作时间"占日常活动的时间最多。在这段时间中，儿童在他们计划的项目和活动中，对材料进行探究，学习新的技能，尝试自己的想法，教师则是鼓励、指导和支持儿童的活动，设置问题情境，并参与儿童的讨论。

"回忆时间"是三个环节中的最后一个环节，通常在整理和收拾时间之后。在"回忆时间"中，儿童与教师一起回忆和表述工作时间的活动。回忆可以通过讲述活动的过程、重温儿童在活动中所遇到的问题、通过绘画表现活动中所做过的事情等方式进行。

除了"计划—做（工作）—回忆"这三个环节，海伊斯科普课程中还有其他的活动。例如，在小组活动时间里，儿童运用教师选择和提供的材料进行活

---

①朱家雄.幼儿园课程[M].上海：华东师范大学出版社,2003:261.

动。在此活动中，教师根据特定的关键经验观察和评价儿童：户外活动时间，除了活动身体以外，还可以让儿童在户外尝试工作时间的想法；集体活动时间，给儿童提供参与集体活动、交流、表达思想以及尝试和模仿他人想法的机会，如唱歌、律动、演奏乐器、讨论问题，等等。①

（4）教师的作用

在海伊斯科普课程中，教师的主要角色是儿童解决问题活动的积极鼓励者。具体来说，教师可以通过以下方法鼓励儿童主动地去解决问题：①提供丰富的材料和活动，使儿童能对材料和活动进行选择；②明确要求儿童运用某种方式决定计划和制定目标，并在完成目标的过程中找到和评判不同解决问题的办法；③通过提问、建议和环境设计，为儿童创造与其思维发展、语言发展和社会性发展有关的关键经验的活动情境。

（5）评价

与其他一些课程模式不同的是，海伊斯科普课程不要求购置和使用特殊的材料作为典型的教育方案，它唯一的花费在于为儿童设置学习环境。在发展水平较低、缺少资源的国家，材料可以来源于自然、家庭废弃物及其他一些"开发性"材料。对教师来说，虽然课程的实施最初很难，但一经掌握，教师则会很自如和轻松。海伊斯科普课程依据发展理论和早期儿童教育实践，多年来在众多的学前教育方案中，是一种一直能高质量地服务于儿童的有系统、有组织的教育方案。海伊斯科普课程被人认为是"适宜儿童发展的教育实践"的一个例证，对早期儿童教育作出了理想的陈述，并通过三十多年的深入研究，已经取得了明显的成效。也许更重要的是，这一课程能使教育者自身得到很好的教育和训练。

---

① 朱家雄. 幼儿园课程 [M]. 上海：华东师范大学出版社, 2003:261-262.

4.银行街模式

银行街模式（Bank Street）的创始人是米切尔（Mitchell，L.S）。受到浪漫主义和杜威进步主义思想的影响，米切尔于1916年成立了教育实验处，即银行街教育学院的前身。1919年，约翰森（Johnson，H.）成立了银行街儿童学校（银行街教育学院的实验学校）；1928年，拜伯（Biber B.）也加入了该模式的研究；1930年，教育实验处和其实验学校搬到纽约银行街69号继续发展。在该项研究被称为"银行街模式"之后，该模式经历了一个由理论到实践的长期实验过程，对美国和其他国家的幼儿教育产生了重大影响。银行街模式旨在通过儿童与环境之间的互动以及儿童认知和情感之间的互动，促进儿童的全面发展，而不是单纯强调某一方面的学习。因此，该模式到1971年正式命名为"发展‐互动"模式。

（1）课程目标

银行街模式的教育目标主要体现在四个方面：一是培养儿童有效地作用于环境的能力；二是促进儿童自主性和个性的发展；三是培养儿童的社会性；四是培养儿童的创造性。

（2）课程内容

银行街模式对教育内容并未做具体规定，只要求根据教育目标和有关教学原则，教师自主地去选择和组织教学内容。这种教学内容是综合的，常以"社会学习"为中心，社会学习是有关人与人之间及人与环境之间的关系的学习，它涉及人们生存的环境及其所处的位置，学习的主题主要取决于儿童的年龄和兴趣，也取决于儿童的生活经验和社会要求儿童掌握的知识、技能。银行街课程常以"社会专习"为综合性课程的主题，老师为儿童获取社会学习和掌握重要技能的经验提供机会，以社会学习为核心展开的课程，共分为六大类：①人类与环境的互动；②人类为生存而产生的从家庭到国家的各级社会单位及其与人的关系；③人类世代相传；④通过宗教、科学和艺术等，了解生命的意义；⑤个体和群体的行为；⑥变化的世界。学习的主题可以从对家庭的研究到对河流的研究，其主要取决于儿童的年龄和兴趣，也取决于儿童的生活经验和社会要求儿童掌握的知识和技能。例如，3 岁的儿童，课程强调的是儿童对自身和家庭的学习；而对于 5 岁的儿童，课程则强调对社区服务和工作的学习。在任何一个学习的过程中，课程关注的是儿童在美术、音乐、数学、科学、语言、运动和搭建积木等活动中已有的经验，课程以综合的方式整合这些经验，以帮助儿童对自己的世界加深理解。[①]

（3）课程的组织和实施

在银行街早期教育方案中，主题网和课程论是课程设计和实施中常运用的工具。课程论的中央是主题，轮辐间的空间可由教师设计各个活动区或活动的内容，允许教师根据需要加以更改、增加或删除。课程的实施常分为以下几个步骤：选择主题→确定目标→教师学习与主题有关的内容，并收集资料→开展活动→家庭参与→高潮活动→观察和评价。

（4）课程评价

评价是银行街"发展－互动"模式的有机组成部分，它为教师了解儿童如何学习和成长提供了手段，也为教师提供了课程计划和决策的原则。与追随高水平学业成就的评价不同，银行街长期主张更宽泛的评价方法，这种评价立足于理解儿童如何了解属于自己的世界，并为儿童提供一系列的机会让他们表达自己的理解。此外，评价需要严格地、系统地依据对儿童活动行为的观察和记录，包括教师对儿童表现的观察（如阅读、数学、操作材料、与他人的互动等）、儿童活动的文件袋（如艺术、书写、计算、建构等）以及教师为年龄较大的儿

----

①朱家雄.幼儿园课程 [M].上海：华东师范大学出版社,2003:241.

童设计的技能检测表所反映的儿童学习质量（如阅读和书写、日志、实验报告、编列目录、单元学习的总结等）。分析和总结这些资料，能使教师理解每个儿童的特点和需要，能为教师与家长沟通以及下一步计划的确定打下基础。[①]

三、幼儿园课程结构

幼儿园课程的结构主要包括课程理念、课程目标、课程内容、课程的实施与课程评价等方面。课程目标是课程的灵魂，是教育思想与理念的具体化；课程内容是实现教育目标的载体，是直接作用于儿童的具体活动；而课程的实施则是教育目标与内容的具体操作方法与程序；课程评价是对课程实施效果的反馈，是衡量课程质量的一把尺子。了解课程的结构有助于有效地设计课程及课程中具体活动的设计与组织实施，为儿童提供高质量的课程。

（一）课程理念

课程理念是指编制幼儿园课程的指导思想，它往往反映出课程编制者的儿童观和教育观。因此，不同的课程理念会产生不同的幼儿园课程。在一个幼儿园课程中，理念常常体现在课程的编写说明中，或隐含在课程文本的各方面，课程理念必须具有可实践性，即能在实践中被实施。幼儿园课程的编制不仅仅依靠课程实施方法、形式的改进及课程评价的反馈，更要求有来自课程理念的动力。比如，我国自 20 世纪八九十年代以来，人类生态学的观念、知识经济学的观念等纷纷被纳入幼儿园课程理念之中，使幼儿园课程从单一的学科模式走向多元化，呈现出多样化的格局。因此，开阔视野、广集思路，形成丰富的课程理念对编制幼儿园课程具有重大意义。

（二）课程目标

幼儿园课程要实现的目标可从不同的角度进行划分，可以形成不同的类

---

①朱家雄.幼儿园课程 [M].上海：华东师范大学出版社,2003:242.

型。从时间上划分形成的时程性目标，包括长远目标、中期目标、近期目标和活动目标四种。从儿童发展的角度划分，可形成体、智、德、美四育目标，或健康、语言、社会、科学、艺术等领域的目标。

幼儿期是人类个性形成的奠基时期，幼儿园教育不以系统知识学习为主要任务，因此，幼儿园课程目标应着眼于未来，立足于培养"个性和谐发展的儿童"。幼儿园课程各类或各层次目标的厘定都应以此为基点并与之相符合。

课程目标是一定的教育价值理念或者教育目的在课程领域的具体化，任何课程目标总是带有一定的价值取向。明确课程目标的基本价值取向，有助于人们更好地把握课程目标，提高制定课程目标的自觉性与自主性。

1.课程目标的价值取向

根据美国课程论专家 W.H. 舒伯特 (W.H. Schubert) 的见解，我们把课程目标取向分为四种类型，即普遍性目标、行为目标、生成性目标和表现性目标。

（1）普遍性目标

普遍性目标一般依据一定的哲学思想或者伦理观念、意识形态、社会政治需要而引出的对课程进行原则规范或总括性指导的目标。这种目标的特点是把一般的教育宗旨或者原则与课程目标等同起来，因此具有普遍性、模糊性和规范性等特点，对所有教育实践都具有指导作用。普遍性目标取向体现了课程目标的一般性原则或者宗旨，为教育工作者创造性地阐释教育目的提供了广阔的背景，它可以适应各种具体的教育实践情境与特殊需要。然而，普遍性目标却不可避免地带有一些局限性，如模糊、泛化，并有一定的随意性，对目标设计者本人的哲学观、世界观及教育思想要求比较高，需要我们辩证地把握。

（2）行为目标

行为目标是具体的，可以操作的，它在目标中明确指出课程实施后在儿童身上可能引发的行为改变。行为目标的特点是具体、精确且具有可操作性。

行为目标在课程领域的确立始于博比特，他曾用"活动分析法"对人类的经验和职业进行系统分析，并提出 10 个领域中的 800 多个目标，在行为目标的课程领域确立了最初的基础。泰勒在 1949 年出版的《课程与教育的基本原理》一书中系统发展了博比特等人关于行为目标的理念。他指出，在目标确立之后，应该用一种最有助于学习经验的选择与教育过程的指导方式来陈述。最有效的目标陈述形式是"既指出要使学生养成的那种行为，又指明这种行为能在其中运用的生活领域或内容"，[①]即每一个课程目标都应该明确教育的职责。到 20 世纪中叶，著名教育家布卢姆等人继承并发展了泰勒的行为目标理念，他们借用生物学中的"分类学"概念，在教育领域建立了"教育目标分类学"，从而把行为目标发展到新的阶段。到 20 世纪六七十年代，梅杰等人总结并发展了前人的行为目标理念，领导发动了"行为目标运动"，将行为目标取向的发展推到了顶峰。

行为目标学对于儿童掌握基础知识和技能达成一些相对简单的教育目标具有一定意义，在课程领域科学化的发展进程中起到了积极的作用。但是，行为目标越来越细化、越来越精确化容易导致一些偏差，使教师只看到目标而不见儿童的个性，并且人的许多高级心理是很难用外显的目标进行量化的，也很难观测到，如人的价值观、情感和态度等。

（3）生成性目标

生成性目标也称展开性目标。它是在教育情境中随着教学过程的展开而自然生成的课程目标。如果行为目标关注的是结果，那么生成性目标注重的则是过程，反映的是教育过程中儿童经验的生长，反映的是儿童问题解决的过程与结果。生成性目标的根本特点是注重过程性。人本主义课程论强调儿童个人的生长、个性的完善与自我的展现。课程的功能就是为每一位儿童提供有助于个

---

① 泰勒. 课程与教学的基本原理 [M]. 施良方, 译. 北京：人民教育出版社, 1994:136.

人自由发展的学习经验。罗杰斯就曾这样说过："凡是可教给别人的东西相对来说都是无用的，即对人的行为基本上没有什么影响的。能够影响一个人的行为的知识，只能是他自己发现并加以同化的知识。"生成性目标是非预成性的，是在教育情境中自然产生的目标。它充分尊重儿童，使儿童有权决定什么是最值得学习的。当儿童从事与自己的目标相关联的学习的时候，他们会越来越深入地探究既存的知识。随着问题的解决和兴趣的满足，儿童会产生新的问题、新的价值感和对结果的新的设计。这个过程是持续终身的，因此基于生成目标的课程必然会促进终身学习。

在西方国家，以生成性目标为取向的早期儿童课程或教育方案并不少见，如意大利"瑞吉欧"幼儿教育方案就是典型的以生成性目标为取向的课程。这些课程较少带有预设的痕迹，课程实施的过程能比较充分地发挥儿童的主体性。但是，生成性目标确实带有教育的理性主义色彩，教师实施起来比较困难，需要高超的技术与额外的努力。

（4）表现性目标

表现性目标是由美国课程论专家艾斯纳提出的。艾斯纳受其所从事的艺术教育的影响，他认为艺术领域里预定的目标是不适合的，从而提出了表现性目标作为补充。表现性目标是指每个儿童在具体的教育情境中所产生的个性化表现，它追求的是儿童反应的多元性，而不是同质性。

艾斯纳认为，课程计划中应该区分两种目标，即教学性目标和表现性目标。教学性目标是在课程计划中预先规定好的，它指明儿童在完成一项或几项学习活动后所应习得的具体行为，如知识、技能等，旨在使儿童掌握现成的文化。教学性目标对大部分儿童来讲是共同的。表现性目标强调儿童的个性化，关注儿童创造性的培养。它不是规定儿童在完成一项或多项学习活动后准备获得的行为，而是描述教育情境中的"际遇"，即儿童在教育中作业的情境、儿童将要处理的问题、儿童将要从事的活动任务等。使用表现性目标意在实现儿童多样性、个体性的反应效果，而非反应的一致性。教师只是提供一个表现性活动的情境，儿童在此情境中获得个人化的意义。

艾斯纳认为这两种目标在课程中都是需要的，而且也都存在于课程实践中。教学性目标适用于表述文化中已有的规范和技能，这样可以使儿童的探究成为可能。表现性目标则适用于表述那些复杂的智力性活动，已有的技能和理解是这种活动得以进行的工具。并且，这类活动有时需要发明新的智力工具，从而导向创造性的活动，这样就使文化得以扩展和重构从而保持勃勃生机。所以艾斯纳提出表现性目标，其用意并非替代教学性目标，而在于完善课程目标，从而使不同的学科、不同的学习活动有更为适合的目标，最终体现对儿童主体的尊重，表现出对"解放理性"的追求。

2.制定课程目标的依据

（1）对幼儿的了解

幼儿园课程的一个最基本的职能就是促进幼儿身心的和谐发展，所以编制课程目标时必须关注幼儿的发展、关注幼儿的需要与兴趣、关注幼儿的认知发展、关注幼儿社会化过程及个性形成等方面的规律与特点，以使课程目标有效地引导与促进幼儿的学习与发展。

了解幼儿是制定发展目标的依据，而对幼儿现实需要的了解，可以通过实际观察幼儿的身体动作、认知、情感及社会性等方面的表现来分析得出。并通过对幼儿发展的预期，确立一定阶段幼儿可能达到的水平及个别差异，发现教育上的需要，帮助幼儿建立期望，从而确定什么目标是适宜的，什么目标是不适宜的。

（2）对社会生活的感悟

幼儿不仅生活在幼儿园中，也生活在家庭、社区与社会之中。幼儿的成长是一个不断社会化的过程，也是一个不断突破时间与空间的过程。所以，确立幼儿园课程目标也必须关注社会生活及其发现需要。幼儿对社会生活的需求，一是来自幼儿生活的社区、民族、国家乃至整个人类的发展需要；二是来自包括当前显示的社会生活需要及其未来的发展趋势。要将社会生活需要纳入幼儿园的课程目标，需考虑以下三条原则：

第一，民主性原则。在"大众主义"时代，幼儿园课程目标应具有现代社会公平与民主的思想。

第二，民族性与国际性统一的原则。国际化时代的课程应具有国际视野，应把本社区、本国家、本民族的需求与个人的需要统一起来。如在我国的文化与社会价值观中比较关注幼儿的道德品质的培养，所以在幼儿园课程目标中应注意幼儿爱家乡、爱祖国、爱集体、爱劳动的情感萌发；再如，未来的世界是一个"地球村"，人与人之间的交际、合作比较频繁，所以幼儿园课程应关注幼儿与他人之间的交往、合作等品质，使幼儿具有适应将来社会生活的能力。

第三，教育先行原则。教育不能被动适应社会生活的需求，而应超越当前的社会，走在社会发展的前面。

（3）对学科知识的研究与应用

幼儿园课程的一个重要职能是传递社会文化，使幼儿从一个自然人发展为掌握一定知识和经验的社会人。而学科知识是文化最重要的支柱，因为文化的基本构成和集中体现即是分门别类的学科，因此学科知识是确立课程目标的重要依据和来源。

施良方认为，学科的功能有两方面：一是这门学科本身的特殊功能；二是这门学科所能起到的一般的教育功能。[①]在此我们必须清楚的是，学科知识

---

① 施良方. 课程理论——课程的基础、原理与问题 [M]. 北京：教育科学出版社 ,1996:102.

无疑是幼儿园课程内容的构成成分，但对于幼儿来讲，学习这些学科知识的意义取决于我们如何看待学科知识的功能与价值。如果我们过分强调学科知识的特殊功能，将会导致课程设计者将学习者逐步引向该学科的专门研究，从而强调学科知识的严密体系；如果我们强调的是学科知识的一般教育功能，那么，课程设计者将会更为看重学科知识对学习者一般发展的价值。这两种不同的价值取向直接影响到课程目标的确立。

幼儿园课程所面对的特殊对象——3 至 6 岁的幼儿，其身心发展特点以及幼儿园教育作为学校教育和终身教育的奠基阶段所具有的性质决定了幼儿园课程注重的应该是学科知识的一般发展价值而非专门的学术特殊价值。因此，幼儿园课程目标在考虑学科知识时应更多地关注学科知识与幼儿身心发展的关系，关注学科知识能促进幼儿哪些方面的发展。如《幼儿园教育指导纲要（试行）》中学科领域的目标并没有要求幼儿掌握系统、严密的科学知识，而是强调：

①对周围的事物、现象感兴趣，有好奇心与求知欲；

②能运用各种感官，动手动脑，探究问题；

③能用适当的方式表达、交流探索的过程和结果；

④能从生活和游戏中感受事物的数量关系并体验到教学的重要和有趣；

⑤爱护动植物，关心周围环境，亲近大自然，珍惜自然资源，有初步的环保意识。①

3. 幼儿园课程目标的表述

（1）从教师角度的表述

从教师角度表述课程目标比较明确地指明了教师应该做的工作与应该努力达到的教育效果，对于教师明确自己在课程教学中的角色与作用有很大的帮

---

①教育部基础教育司. 幼儿园教育指导纲要（试行）解读 [M]. 南京：江苏教育出版社,2002:34.

助。从教师角度表述时，会经常采用"鼓励""引导""帮助""使"等字眼，如这样的课程目标表述：

①鼓励幼儿提出问题，对事物进行比较，找出互相之间的联系；

②帮助幼儿获得形状、颜色、大小、分类、顺序等概念；

③使幼儿体验到在幼儿园生活的乐趣以及靠自己的能力行动的充实感。

从教师角度出发表述课程目标容易促使教师过多地关注自己的"教"，考虑"教什么""怎么教"，而忽略幼儿的"学"，因此多数人主张从幼儿角度表述课程目标。

（2）从幼儿角度的表述

从幼儿角度出发表述课程目标时，需明确幼儿通过学习后应该达到的发展程度，经常采用"感受""喜欢""理解""能"等字眼，例如：

①能初步感受并喜欢环境、生活和艺术中的美；

②喜欢参加艺术活动，并能大胆地表现自己的情感和体验；

③尝试用自己喜欢的方式进行艺术表现活动；

④注意倾听对方讲话，能理解日常生活用语。

从幼儿角度表述课程目标可以促使教师更多地关注幼儿"学什么"与"怎么学"，关注幼儿的学习方式，关注幼儿学习的效果，促使教师更多地"以学定教"，避免单纯地"以教定学"。

（三）课程内容

课程内容是根据课程目标而选择的。它既包括系统的知识，也包括一系列活动内容或一组组经验。所以，从整体来讲，幼儿园课程内容是动态的，但它同时又包含着相对静态的知识形式。

1. 幼儿园课程内容的选择

课程内容与课程目标的一致性要求课程内容应有利于课程目标的达成。要做到内容的整体性和关联性，课程内容应该从知识、态度、行为三个方面组织内容，应体现内容之间的融合性、综合性及适切性。

内容的选择既要适合幼儿的一般年龄特征，又要适合个别幼儿的发展水平。

（1）幼儿园课程内容的选择范围

幼儿园课程的内容范围应该是有助于幼儿发展的基本知识、基本态度和基本行为。

①帮助幼儿获取发展中需要的基本知识

知识是儿童情感、态度发展的基础，也是儿童获得行为、发展能力的前提。幼儿掌握基本的知识便于更好地了解和认识自己的生活环境，有助于对事物的理解。任何课程都不能否认知识的存在与价值。但是需要注意的是，课程中不能过分强调知识的作用，把知识作为唯一重要的内容，将知识的高度、难度和深度拓展到幼儿难以接受的层面，使幼儿对知识的学习产生惧怕和畏难情绪，以牺牲幼儿的兴趣和自信为代价，就失去了知识在儿童发展中的意义。另外，也不能忽视知识教育，将知识的学习与幼儿的兴趣完全对立起来，也是不可取的。我们应该尊重幼儿的兴趣与发展特点，选择在此阶段可以接受的知识，帮助幼儿获取发展过程中必要的知识。

②帮助幼儿形成对事物的基本态度

态度是伴随在活动过程中的一种体验，任何一个人都会对一定的人或事形成一定的倾向。良好的态度对幼儿学习知识、增强能力、获得适宜的行为方式都有积极的促进作用。因此在选择课程内容时，一定要考虑帮助幼儿获得基本的态度，即帮助幼儿获得作为一个健康人应该具备的良好的心理品质，如自信心、正确的自我认识、责任感、归属感以及关心、友爱和尊重等。

③帮助幼儿获取发展的基本行为

行为是在一定思想支配下而表现出来的活动，基本行为即指一些基本方式、方法的综合体。有助于幼儿发展的基本行为，其根本在于使幼儿获得有益的基本方式和方法。幼儿在游戏、观察、散步、交流和探究等活动中都会表现出一定的方式和方法，而方式和方法的掌握又进一步有利于幼儿获取更多的信息，使幼儿的各项活动开展得更加顺利。

（2）幼儿园课程内容选择的原则

第一，既适合幼儿的现有发展水平，又要有一定的挑战性；第二，既符合幼儿的现实需要，又有利于其长远发展；第三，既贴近幼儿的生活，又有助于拓展幼儿的经验和视野。

2.幼儿园课程内容的组织

（1）幼儿园课程内容的组织方法

①知识系统组织法

知识系统组织法是指根据知识本身的系统及内在联系来组织课程的一种方法。该方法强调知识本身的逻辑顺序，对幼儿掌握系统的知识是有益的。由于该方法能够保持学科的体系，所以教师较容易掌握，也有利于完成预定的教学目标。如20世纪80年代，幼儿园使用较多的"六科"教学，就是按每门学科内在的逻辑顺序来组织课程内容的，并重视这些内容的连续性和顺序性。

②心理发展组织法

心理组织法是根据学习者的心理发展特点，以适应学习者需要的一种组织课程内容的方法。该方法强调幼儿的心理发展特点、经验兴趣和成长需要，对调动幼儿学习的积极性、主动性作用很大。由于该方法能够贴近幼儿的需要，所以幼儿较有兴趣，也有利于他们身心的发展和个性培养，如在实践中较常见到的"活动课程"，就是一种打破学科之间的界限，从幼儿需要出发的心理组织法的实践，它使幼儿园课程内容呈现出按心理顺序组织的特点。

③纵向组织法

纵向组织法指的是按照课程组织的某些准则，以先后顺序排列课程内容的方法。该方法重视知识、技能的层次性。根据幼儿的学习特点，课程内容的组织安排由浅入深、由易到难、由简单到复杂、由已知到未知、由具体到抽象，逐渐递进，依次展开。

需要注意的是，纵向组织法的组织排列不是直线式的，而是螺旋递进的，即课程内容会重复出现，但是这些重复出现的内容在深度和广度上都有所增加。这样，有益于幼儿获得更加多样的经验、更加深刻的认识，也有助于他们的持续发展。

④横向组织法

横向组织法指的是按"广义概念"组织课程内容，即打破传统的知识体系，是课程内容与儿童已有的经验连为一体的方法。该方法强调各种知识之间、知识与儿童经验之间、儿童的经验之间形成有机的联系，帮助儿童整合贯通知识与经验。

需要注意的是，虽然横向组织法与幼儿的发展特征和学习方式较为接近，利于幼儿的学习，但是，要切忌置逻辑性于不顾的极端做法，避免出现"大拼盘"式的课程内容。

（2）常见幼儿园课程内容的组织类型

①学科课程组织类型

学科课程强调按知识的内在联系及其结构组织课程内容。在这类课程中，教师的主要作用是促进学习活动，幼儿的角色是对教师所提供的内容作出反应。因为有明确的目标，教师按照一系列设计好的方案促使幼儿一步步达到这些目标，从而获得较为系统的知识。所以，在传递知识和技能的时候，学科课程一般被认为是经济而有效的。

②活动课程组织类型

活动课程强调根据幼儿的兴趣、需要和发展水平组织课程内容。在这类课程中，幼儿是组织内容时的焦点，通常以幼儿自身的活动为学习的方法，使幼儿从自己的直接经验出发，去解决实际生活中的问题，教师充当顾问及辅助者。因为给幼儿提供了较多自主活动的机会，使幼儿能够获得与环境相互作用的机会，所以，在发展幼儿的动手能力、思维能力以及个性品质方面，活动课程的作用尤为突出。

③核心课程组织类型

核心课程围绕社会问题来组织内容，目的在于通过课程使幼儿获得完整的生活经验，增强幼儿对生活的适应性。这里所谓的社会问题是指幼儿生活中的各种问题，包括认知的、情感的、态度的等所有方面的问题。对于这些问题，一般由教师预先选定、计划好，事先设定好目标，但所选问题应该是幼儿感兴趣的，并且能够促进幼儿主动参与。

核心课程打破了学科界限，使幼儿在运用已有知识解决问题的过程中主动学习，扩展新经验，并获得身心的和谐发展。从这个意义上来讲，这类课程也是运用心理组织法而获得的一种课程类型。因此。如何在系统完整知识的获得与幼儿实际生活经验之间达到平衡，也是此类课程必须加以特别重视的。

一般来说，学科课程偏重知识体系，活动课程侧重心理发展的需要，核心课程则以问题为中心贯穿幼儿的经验。目前，我国幼儿园课程类型基本呈现混合型状态，视不同的学习要求，以某一课程类型为主，辅之以其他类型，保证幼儿获得基本知识、基本态度和基本行为等多方面平衡的课程内容，从而促进幼儿的身心发展。

四、幼儿园课程评价

幼儿园课程评价就是一种以幼儿园课程为评价对象的特殊的认识活动，它是针对幼儿园课程的特点和组成要素，收集相关信息，对幼儿园课程的价值、适宜性和效益作出判断的过程。[①]通过对幼儿园课程的评价，有助于了解课程的适宜性、有效性，有助于调整和改进课程，从而提高教育质量，更有效地促进每个幼儿的发展。

（一）幼儿园课程评价的目的和作用

1.幼儿园课程评价的目的

幼儿园课程评价的根本目的在于通过对课程的诊断，了解课程的适宜性、有效性，为修正、调整和完善课程乃至推广课程提供科学依据，从而提高幼儿教育的质量，促进幼儿的全面发展。评价伴随整个课程系统的全过程。

（1）课程实施前，通过评价选择合适的课程方案

幼儿园采用的课程方案既可以是在自己开发的园本课程，也可以在已经存在的一些国内外课程方案中去选择。选择、采用之前需要对备选的课程方案做出分析和评价。"通过评价可以比较其在目标设置、内容实施、教学实施以及实际效果等方面的优势，从整体上判断其价值，再结合需要评估，对课程做出选择。"[②]对课程方案的评价，有助于了解各种课程类型的优缺点，从而结合本园的实际情况，选择合适的课程模式，并做出适当的调整和修改，最终在实际中运作所采用的课程方案。

（2）课程实施过程中的诊断与修订

"一个好的课程需要通过评价不断地调整与完善，以达到不断接近教育目标的最佳教育效果。"[③]完善课程是幼儿园课程评价工作最重要的组成部分。由于评价具有诊断功能，能够使教育工作人员发现课程系统中各方面存在的问

①王春燕.幼儿园课程概论 [M].北京：高等教育出版社,2007:12.

②李季湄.幼儿教育学基础 [M].北京：北京师范大学出版社,1999;199.

③彭俊英.对建构幼儿园课程评价方式的粗浅思考 [J].长沙：学前教育研究,2003:7-8.

题和不足，从而找出问题的原因和影响因素，为课程的进一步调整和改进提供充分的依据。诊断与修订课程是课程评价的基本目的。从幼儿园内部来说，大到整个幼儿园采用的课程方案，小到班级每次的活动方案，都需要通过课程评价发现课程实施中的长处和不足，从而更好地调整和修订课程，通过总结和提炼，形成适宜的课程。

（3）课程结束后的反思与评定

通过课程评价，可以对课程实施的效果做全面的了解和把握，主要包括幼儿学习后的发展状况和预期课程目标的达成情况、课程目标之外的非预期状况以及教师的变化和提高等。

以上关于课程评价目的的认识主要基于幼儿园内部的课程运行系统。在国家和地区层面，也需要运用课程评价参与课程的管理。此时，幼儿园课程评价的目的是帮助各级学前教育主管部门有效地管理课程。一般来说，幼儿园内部的课程评价主要是为了改进、完善现有课程或在此基础上开发自己的园本课程，而教育行政和管理人员评价课程主要是出于鉴别、选择、推广、管理课程的目的。当前，我国幼儿园课程日益多样化，有必要借助课程评价这一手段，收集能反映课程价值的丰富信息，对这些信息进行科学的分析、评价课程的质量、为教育主管部门引导幼儿园课程的健康发展提供决策性的信息。

2.幼儿园课程评价的作用

幼儿园课程评价一般具有诊断、改进、鉴定和导向等方面的作用，具体表现如下：

（1）幼儿园课程评价具有诊断和改进的功能

幼儿园课程评价可以满足教师、课程专业人员，幼儿园行政管理人员以及其他负责课程编制人员的需要，通过课程评价，检验或完善原有的幼儿园课程或者开发和发展新的幼儿园课程。

（2）幼儿园课程具有鉴定与导向的功能

幼儿园课程通过评价，可以满足幼儿教育政策制定者的需要、幼儿园行政管理人员以及社会其他成员获得教育方面信息的需要，从而对课程的实际效果进行评定，对课程是否值得推广，在什么范围内推广以及如何推广等作出结论，以使课程管理更加规范和严谨，从而使行政管理部门制定出能影响课程的各种决策。

（二）幼儿园课程评价的类型和特点

1.幼儿园课程评价的类型

依据评价的时间、评价的主体和评价的对象等可将评价分为不同的类型。

（1）形成性评价和终结性评价（依据评价的时间划分）

形成性评价也称过程评价，在课程方案的全过程中，对课程各要素及其相关因素的合理性、适宜性和协调性进行科学分析和判断，并以此调整和改进课程方案，为完善课程提供反馈信息，不断提高教育的有效性。形成性评价可以在课程设计阶段和早期试验阶段进行。

幼儿园在实施课程的过程中要着重使用形成性评价，对教育教学计划执行情况以及教育效果进行测量与评估，以便及时地调整课程计划和教育活动，更有效地实现教育目标和满足幼儿不断发展的需要。

终结性评价也称结果性评价，是在课程方案实施告一段落以后。对课程进行综合性的检验，以判断课程方案是否成功以及是否具有推广价值。终结性评价的功能主要是确定目标是否得以实现以及与其他不同课程的比较。它是一种对课程实施以后所获得的实际效果进行验证的评价方式。终结性评价一般只涉及课程实施的结果，不涉及课程实施的过程，是事后的评估，旨在验证课程的成功程度和推广价值。

值得注意的是，形成性评价和终结性评价并不是截然分开的，两者的划分是相对的，在评价过程中，两者可依时间的相对划分，或对评价结果的作用相互转化。例如，终结性评价的结果可能认为某个教育阶段未达到预期目标，需要对此作出调整或修订，这种情况下的评价就是形成性评价了。反之，在发展课程的过程中，也可对某一阶段的教育作短期效益的终结性评价。

（2）内部评价和外部评价（依据评价的主体不同）

内部评价又称自我评价，是指由幼儿园内部或教师本人对照课程评价标准，对园内或教师自己的课程实施状况与效果做出分析与判断的一种评价方式。内部评价可以使评价过程成为教师自我认识与提高的途径，有利于改进教学工作。

外部评价或他人评价，宏观上说，是由有关人士或专门人员组成评价小组，对幼儿园课程的整体实施状况作出判断的一种评价方式。这种情况下，外部评价的作用通常是为教育主管部门有效管理课程提供决策信息。微观层面的外部或他人评价，主要是指在幼儿园内部对课程情况的评价。如幼儿园集体教研或公开课评课中，其他教师对某一位教师组织的教育活动的评价。

（3）整体评价、局部评价、单纯评价（依据评价对象的范围划分）

整体评价，是指对全国、某一地区或某个幼儿园的课程运行状况进行整体评估，如对某个地区使用某种课程的幼儿园进行质量评估。这种评价范围广、影响因素较多，难度较大。

局部评价，是指对全国、某一地区幼儿园课程的某一方面或某幼儿园内部课程的某个方面进行评估，如对某市幼儿园课程资源状况的评估。此类评价虽只是针对局部进行，但也应尽量对评价对象作出综合性的分析和判断。相对于整体评价，该评价比较简单易行。

单纯评价，是指对更为具体、微观的课程要素的某个方面进行的评估，如幼儿创造性发展评估、幼儿教师课程设计能力评估等。此类评价最简便易行。

（4）定性评价法和定量评价法（依据评价方式的性质）

定性评价法，是用简明的文字评语作为各项指标的评价结果，或简单地用一个等级来表示具有多方面内容的现象。例如，对一节集中教育活动做一个定性评价，其评价结果为："课程目标设置合理，内容丰富有趣，教学环节衔接紧密，但是存在教学过程控制程度高的问题。"

定量评价法，是用数字表示评价标准或结果。定量评价要依据质量的测评作为基础，评价即是对测量结果的某种价值判断。在幼儿园课程领域，因为课程本身的情景化和复杂性，完全定量的评价法，不可能也是不合适的。因此，可以将评价内容进行结构化的分解。对"角色游戏中教师指导水平"进行评价，可以将评价内容的结构分解为组织游戏活动的目的与计划、游戏材料的准备、游戏时间的安排、指导方式、指导方法和指导效果六大方面。其中每一个项目下面，又可以分解出更加细致的评价指标。如游戏时间的安排这一项里，可以划分为三种程度：游戏时间安排不合理（每天游戏次数太少或时间太短）；游戏时间安排充裕，但利用率不高；一日活动中，科学合理地利用和安排游戏时间，每次游戏活动时间长短适宜。[①]

2.幼儿园课程评价的特点

由于幼儿园课程与其他学段课程存在较大差异，在课程评价上也有自己的特点。

从评价的目的看：幼儿园课程评价是为了发现课程运作各环节中存在的问题，进一步改进和完善课程，提高幼儿教育质量，最终达到促进幼儿的全面和谐发展的目的。

---

①虞水平.幼儿园课程评价[M].南京：江苏教育出版社,2006:162.

从评价的内容看：由于幼儿园课程具有生活化的特点，系统的学科知识的学习并不是幼儿园的主要任务，因此幼儿园课程评价的重点不是幼儿知识技能的掌握情况，而是课程方案以及实施过程的适宜性和有效性，以幼儿身心发展水平和兴趣爱好为参照标准，考察课程各个方面是否合适。

从评价的方式看：幼儿园课程评价强调评价过程的自然性，提倡在真实的教育情境中进行评价，教师可以通过观察、谈话、测验、作品分析、调查等多种方法收集所需信息从而对课程进行评价，其中观察幼儿的反应和发展状况应该成为教师课程评价最常用的评价方式。

从评价结果的用途看：幼儿园课程评价的结果主要用于教师审视教育过程、改进课程，提高幼儿教育的质量，评价结果不应作为幼儿或幼儿园排名、选拔的依据。

（三）幼儿园课程评价的主体

课程评价的主体即由谁进行课程评价。教育行政管理人员、幼儿园园长、教师、幼儿、家长等均可以成为评价的主体。不同主体所进行的课程评价具有不同的视角和目的。

1.各级教育行政管理部门作为评价主体

管理人员根据《幼儿园工作规程》和《幼儿园教育指导纲要（试行）》的精神对全国或地区的幼儿园课程进行评价，其目的是了解幼儿园课程的整体发展状况，评估幼儿园执行国家和地方幼儿园课程政策的情况，衡量幼儿园的办学效益或为课程推广提供决策信息。他们对幼儿园课程的评价具有重要的导向作用，他们的评价标准反映了国家和地区幼儿园课程政策的基本精神。

2.幼儿园园长作为评价主体

园长作为主体评价目的是了解本园的课程实施状况，整体把握本园的教育质量。"园长在幼儿园课程评价中起着领导、组织的作用。园长是幼儿园课程评价主体的重要决策者和实施者。"①其中，园长的教育价值观反映一所幼儿园基本的办学思路，园长的评价标准对教师实施幼儿园课程的行为有重要的影响。

3. 幼儿教师作为评价主体

幼儿教师作为评价主体，其评价目的是了解幼儿发展的水平，发现课程的优点与不足，改进课程，促进幼儿发展。以教师为主体的评价是幼儿园课程评价的核心，因为教师是课程的实施者，他们的观念和行为是影响幼儿园课程实施效果的主要因素。教师可以通过课程评价及时调整自己的观念和行为，这不仅有助于幼儿的发展，也有助于教师自身的成长与提高。

4. 幼儿作为评价主体

幼儿也可以作为评价的主体参与评价过程，但是幼儿与其他年龄段的学生不同，他们对幼儿园课程进行着无言的评价。"幼儿评价教育的内在准则是他们自身的需要和兴趣"②，幼儿主要是"通过自己的行为反应和发展变化来发表对课程的看法"③。因此，教师要随时观察幼儿的行为反应和发展变化，及时调整自己的教学。

5. 家长作为评价主体

家长是幼儿教师的重要合作伙伴。他们对课程的评价反映着幼儿园对家长需求的满足状况。家长作为幼儿园课程实施的影响因素之一，同时也是幼儿园选择课程的重要影响因素，因为家长的评价意见关系到幼儿园的生存与发展。同时，家长出于对幼儿教育的关心，对幼儿园课程所提出的宝贵建议，也可以作为课程改进的依据。但是，由于家长的教育观念不一定总是与幼儿园一致，

①虞水平. 幼儿园课程评价 [M]. 南京：江苏教育出版社,2006:45-46.
②虞水平. 幼儿园课程评价 [M]. 南京：江苏教育出版社,2006:47.
③冯晓霞. 幼儿园课程 [M]. 北京：北京师范大学出版社,2000:115.

有时他们的观念和对课程的要求甚至是错误的，所以，如何正确地发挥家长对幼儿园课程的影响力，充分利用家长这一宝贵的课程资源，是幼儿园需要加强的工作环节。

（四）幼儿园课程评价的客体

幼儿园课程评价的客体即幼儿园课程评价的对象和内容。幼儿园课程评价的内容和范围是比较广泛的，大致可以划分为课程方案评价、课程内容评价、实施过程评价和课程效果评价。

1. 课程方案评价

课程方案是用于指导幼儿园课程实施的课程文本，它是幼儿园课程的结构化的书面表达形式。[①]幼儿课程方案不仅应当包括课程的目标、内容、组织形式，还应包括课程基本理念的介绍以及课程评价的方案。幼儿园课程方案是幼儿园课程实施的主要依据，决定着课程实施的具体过程，因此需要在选择采用何种课程时，对备选课程方案的课程理念、课程结构、课程资源等要素的科学性、合理性和可操作性等特点进行分析和判断。因此，课程方案的评价是整个课程系统评价的开端。对课程方案的评价可以从不同的角度进行，既可以从课程的总体要素进行评价（见表2-1），也可以从课程的某一个方面进行评价，如课程的方案理念或课程方案结构（见表 2-2、表2-3）。课程方案评价的目的是帮助大家分析课程的科学性、有效性和操作性，保证为幼儿提供能够促进其发展的理想化的课程体系。

2. 课程内容评价

一般而言，课程内容包含各门学科中特定的事实、观点、原理和问题，以及处理它们的方式。课程内容是实现课程目标的重要手段，在选择和组织课

---

① 虞水平. 幼儿园课程评价 [M]. 南京：江苏教育出版社, 2006:48.

表 2-1　课程方案有效性评价指标①

维度	评价内容
效用性	1. 实现不同人的教育需求； 2. 协调不同教育群体或个人的教育利益； 3. 得到了多方面的关注，在实施中得到社会、社区、教育部门等有力的支撑； 4. 评价者值得信赖，有能力胜任评价工作； 5. 在后续的课程实施中有拓展的潜力。
可行性	1. 提供可供操作的程序，并将不相关因素控制在最小范围内； 2. 设计与实施考虑到不同的利益小组，并获得多方的合作； 3. 对于资源的运用成本作出预期判断，并能证明资源的花费是物有所值的。
适切性	1. 为教师、幼儿及相关教育部门提供不同服务； 2. 以书面方式记录正式机构对评价所形成的职责； 3. 考虑不同年龄、不同性别、不同性格幼儿的需求，促进每一位幼儿的发展； 4. 关注课程的综合性与灵活性； 5. 评价机构确保向被评者及相关人士公开所有的评价结果； 6. 公开阐明在实施过程中可能遇到的困难及自身的不足。
精确性	1. 清晰表达了所处的课程改革背景及所依赖的理念； 2. 在目标、内容、组织、评价等指导方面描述准确、简洁； 3. 方案中的信息可靠、有效，并得以复查； 4. 合理、系统地分析定量、定性的资料； 5. 呈现的结果清晰、合理，避免个人情感和偏见； 6. 评价是形成性的、多维度的。

　　注：该课程方案的有效性评价指标不仅适用于方案设计之初的评价，也适用于方案实施过程中及实施之后的效果评价，但不同阶段运用的具体指标有所变化。例如，"实现不同人的教育需求"适用于所有阶段的方案评价。而"得

①胡惠闵，郭良菁．幼儿园教育评价 [M]．上海：华东师范大学出版社，2009:130.

到了多方面的关注，在实施中得到社会、社区、教育部门等有力的支撑"更适用于实施过程中的方案评价，因此在运用时要注意灵活变更。

表 2-2 幼儿园课程方案理念评价表[①]

评价内容	评价摘要	得分
课程理念的正确性		
课程理念的清晰性		
课程理念的一致性		
课程理念的综合贯通		
总评		

注：评分得分标准，完全符合要求，3 分：比积符合要求，2 分，不符合要求 1 分。

表 2-3 幼儿园课程方案结构评价表[②]

评价对象	评价内容	评价摘要	得分
幼儿园课程方案目标	目标的结构性		
	各级目标间的连续性		
	目标的适合性		
	目标与课程理念的相关性		
幼儿园课程方案内容	内容与课程方案目标的一致性		
	内容的适宜性		
	内容的平衡度		
	教辅材料的丰富性		
幼儿园课程方案评价	评价方案的有与无		
	评价主体的多元化		
	评价策略的科学性		

①虞永平 . 幼儿园课程评价 [M]. 南京：江苏教育出版社 ,2006:58.
②虞永平 . 幼儿园课程评价 [M]. 南京：江苏教育出版社 ,2006:72.

程内容时，要考虑课程内容与课程目标之间的相关性，还要考虑课程内容本身的科学性和有效性，以及课程内容对儿童学习发展的意义、与社会实际之间的关系。因此，课程内容评价应围绕三种不同的取向展开：（1）课程内容对幼儿发展的价值；（2）课程内容的实现形式与幼儿发展特点之间的关系；（3）课程内容与幼儿已有经验之间的关系。课程内容的评价有助于教师从课程宏观架构出发，结合幼儿身心发展特点对课程内容的有效性、适宜性进行思考，确保课程符合幼儿发展特点，能够促进幼儿发展。

3. 课程实施评价

课程实施是指把课程计划付诸实践的过程，它是达到预期的课程目标的基本途径。课程设计与课程实施之间是互为依托、互相促进的关系。课程实施的评价主要围绕课程计划的实践、教学（活动）的实施过程以及课程实施的策略与方法等要素展开。对课程实施的评价是对教师实践课程、幼儿参与课程实施并获得发展的过程。

4. 课程实施效果评价

课程实施成果评价即对课程实施效果的评价，一方面通过对课程实施效果验证、完善课程目标的准确性与有效性；另一方面对课程计划与教育实践的契合度及对学习者的发展价值进行分析与验证。因此，在课程实施效果评价中，尤其对学前课程实施效果的评价要关注：课程效果对课程目标的达成反应；课程实施过程与教育实际的一致性；课程实施对幼儿发展的作用与价值。

在幼儿园课程评价实践中，对每个课题内容的评价可分为：背景评价（Context evaluation）、输入评价（Input evaluation）、过程评价（Process evaluation）、成果评价（Product evaluation）四个部分（即 CIPP 评价模式），为课程实施提供完整的决策性评价材料。

（1）背景评价。确定课程计划及实施主体的背景；明确评价对象及其需要；明确满足需要的机会；诊断需要的基本问题；判断目标是否反映了这些需要。

（2）输入评价，主要帮助决策者选择达到目标的最佳手段。这一步骤包括"考虑过哪些计划？为什么选择这个计划而不选择其他计划？这个计划的合理程度如何？"等。

（3）过程评价，主要通过描述实际过程来确定或预测课程计划本身或实施过程中存在的问题，如有关活动是否按预定计划得到实施，是否在用一种有效的方式利用现有的资源等。

（4）成果评价，即测量、解释和评判课程计划的成绩。成果评价要收集与结果有关的各种描述与判断，把它们与目标及背景、输入和过程方面的信息联系起来，并对它们的价值和优点作出解释。

（五）幼儿园课程评价应注意的问题

幼儿园课程评价的目的在于调整和改进课程，不断提高教育质量。教师和幼儿作为课程实施的主体和客体，必然会成为被评价者。我们必须明确：课程评价的根本任务是为了发现课程中的问题、找出原因、提出改进的建议和措施，从而解决问题，完善课程。课程评价本质上应该是一种"对事不对人"的评价，因此，要着重发挥其诊断、改进课程的作用，不宜把评价仅仅作为对教师工作或幼儿发展水平的鉴定手段。如果忽略课程评价的主要目的，处理不好，就会使被评价者产生消极抵触情绪和应付行为，产生不良效果。

1.评价以自评为主，充分发挥教师的主体作用

教师作为正在实施的课程活动的设计者和实施者，对自己的工作是最有发言权也是最需要反思的评价主体。评价的过程是教师运用幼儿发展理论、学前教育原理等专业知识审视教育实践，是发现、分析、研究和解决问题的过程，也是他们不断学习、不断提高的重要途径。[①]因此应该培养教师主动进行课程

①冯晓霞.幼儿园课程[M].北京：北京师范大学出版社,2000:121.

评价的意识，帮助教师提高课程评价和反思的能力，使教师养成自觉地对活动过程进行分析与评价的良好工作习惯，这才是课程评价中主体性的反映。因此，幼儿园课程评价应该强调以教师自评为主，园长、其他教师参与评价，发挥教师群体的作用，共同研究、共同提高。

另外，即使是园长或者他人组织的课程评价活动，也要尊重教师的主体地位，因为任何"外部评价"所提出的改进措施或建议都要通过教师理解、接受和创造性地应用才能落实。外部评价者要充分与教师沟通，尊重他们的说明与意见，并把这个过程作为一个平等研讨的过程，共同商讨解决的方法和改进的方向，把评价的结果作为发展中的一个新起点。①

2.评价有利于促进幼儿的发展

幼儿园课程评价的目的是改进和完善课程，提高教育质量，最终的目的仍是落到促进幼儿的发展上。涉及幼儿的学习情况与发展水平的课程评价，要特别注意以下几点：

第一，注重全面性。要全面了解幼儿的发展状况，防止片面性，尤其要避免只重知识技能的掌握，忽略情感、社会性和实践能力的倾向。

第二，尊重幼儿的差异性。重视幼儿自身的纵向发展，让幼儿看到自己的优点和进步，增强自信心。避免在幼儿之间作横向比较，以免伤害孩子的自尊心和自信心。

第三，顾及幼儿的感受。评价应在日常活动与教育教学过程中，采用自然的方法进行，使幼儿感到舒适自然，没有压力，避免外界对幼儿过多的干扰。

第四，采取多种方式进行评价。要从多个渠道、多个方面和多个角度收集资料，包括对幼儿连续的定期观察和记录、家长提供的资料和幼儿的学习作品等，并客观地加以整理和分析。

---

①冯晓霞.幼儿园课程[M].北京：北京师范大学出版社,2000:1223.

第五，要合理使用评价结果。课程评价的结果既可以用于改进和完善课程，也可以提供给家长，让家长了解幼儿园课程的发展情况，积极参与到幼儿园的课程建设中，促进"家""园"合作。

3.评价过程有实效并科学规范

第一，科学的评价首先要有正确的指导思想和评价标准。幼儿园课程评价的指标要与《幼儿园工作规程》《幼儿园教育指导纲要（试行）》的精神和原则相一致，防止用不适宜的评价指标干扰幼儿园课程。[1]

第二，幼儿园课程评价是一个涉及多方面的整体工作。儿童发展评价只是其中一个主要的方面，但儿童发展评价不能代表一切，更不能代替对课程本身的评价，不要把二者等同起来。

第三，课程评价应讲求实效性，为改善和提高教育质量提供有用的信息，防止形式化。

第四，评价虽然重要，但其结果的解释和运用更为重要。这需要教师、园长、考研员、骨干教师等有关人员的合作，只有正确解释评价结果和合理运用评价结果，才能达到评价应有的目的。

评价是一个具有很强专业性的活动过程，需要评价者具备一定的专业素养，要懂得教育的相关政策，要了解幼儿园课程理论，对幼儿发展的特点、学习规律、幼儿教育方法等方面有系统的了解，这样才能真正发现好的课程，才能提出有针对性的改进意见，才能进行客观的分析和专业的提炼，引导教师逐步完善课程。

---

[1]冯晓霞.幼儿园课程 [M].北京：北京师范大学出版社,2000:123.

第三章
幼儿园传统文化教育概述

一、幼儿园传统文化教育的研究背景

中国传统文化博大精深，源远流长，流传至今仍然具有强大的生命力。传统文化记录着中国人独特的思考方式和行为实践，是中华民族精神价值的源头。传统文化也是中华民族发展的基石，带领我们穿越历史，反思当下。学前教育作为国民教育的起点，担负着传承和保护传统文化的特殊使命与责任。朱家雄教授曾提出："中华优秀文化为价值基础的中国的学前教育应该而且可以吸取基于西方文化的某些教育理念和方法，'为我所用'，但是其'根'必须是中华优秀文化。"[①]幼儿园优秀传统文化教育可激发幼儿对我国传统文化产生兴趣、获得感性的认知，使幼儿产生对民族文化的认同并提升其文化素养。

（一）顺应国家推崇优秀传统文化的时代趋势

国家推崇优秀传统文化既是时代的选择，亦是社会发展不可抵挡的趋势。2017 年 1 月，中共中央办公厅、国务院办公厅印发了自 1949 年党和政府出台的第一个以传承和发展中华优秀传统文化为主题的文件《关于实施中华优秀传统文化传承发展工程的意见》（以下简称《意见》）。《意见》指出"把中华优秀传统文化全方位融入思想道德教育、文化知识教育、艺术体育教育、社会实践教育各环节，贯穿于启蒙教育、基础教育、职业教育、高等教育、继

---

① 朱家雄.中华优秀传统文化的内涵——学前教育的文化适宜性问题（五）[J].幼儿教育,2015.

续教育各领域。以幼儿、小学、中学教材为重点，构建中华文化课程和教材体系"。①此前，教育部于2014年3月印发了《完善中华优秀传统文化教育指导纲要》的通知，对于普及优秀传统文化起到重要意义。

党的十八大以来，习近平总书记在多个场合均表达了自己对传统文化、传统思想价值体系的认同与尊崇。一个国家综合实力最核心的还是文化软实力，这事关精神的凝聚，我们要坚定理论自信、道路自信、制度自信，最根本的还要加一个文化自信。党的十八大以来，"建设优秀的传统文化传承体系，弘扬中华优秀的传统文化"成为共识。深入挖掘中华优秀传统文化蕴含的思想观念、人文精神、道德规范，结合时代要求继承创新，让中华文化展现出永久魅力和时代风采。国家高度重视传承和发扬优秀传统文化。

（二）把握优秀传统文化教育课程，促进幼儿身心健康发展

优秀传统文化蕴含着几千年来中华民族智慧的结晶。学习优秀传统文化教育课程，幼儿与深厚的传统文化进行对话，聆听先哲的思想，汲取古人的智慧，对于当今幼儿的认知和情感发展具有不可替代的重要意义。《3－6岁儿童学习与发展指南》中明确提出"在良好的社会环境及文化的熏陶中学会遵守规则，形成基本的认同感和归属感""运用幼儿喜闻乐见和能够理解的方式激发幼儿爱家乡、爱祖国的情感"。②学习优秀传统文化教育课程有助于幼儿传承本民族文化以及加深对民族文化的了解，并且更易产生多元文化的视角。幼儿是祖国和民族的希望与未来，探索幼儿园优秀传统文化教育课程，能够激发幼儿对家乡、对祖国的认同感和归属感，能够帮助幼儿感受和理解中华民族传统文化的内涵，培养幼儿的民族自信心和自豪感，使幼儿在优秀传统文化的润泽中健

---

①中办国办印发《意见》.实施中华优秀传统文化传承发展工程[N].人民日报，2017-01-26(1).
②李季媚，冯晓霞.3－6岁儿童学习与发展指南解读[M].北京：人民教育出版社，2013:89.

康成长。

（三）回应当前幼儿园传统文化教育课程实践中的困惑

近年来，在国家政策层面要求构建传统文化教育课程的背景下，我国幼儿园开展了形式多样的传统文化教育课程，并且正进行着一系列相关课题的深度研究，也取得了一些令人欣喜的成绩。在幼儿教育阶段推行传统文化教育课程并不违背促进幼儿身心健康发展的目的和宗旨。事实上，科学适宜地开展幼儿园优秀传统文化教育课程能够进一步促进幼儿的全面发展，有利于实现教育目标。《幼儿园工作规程》已经将幼儿教育的任务从"体智德美"改为了"德智体美"，但幼儿教育界对此变化并没有过多的关注。传统文化教育似乎与"幼儿园教育不得使用教材，不得教授学科知识"的规定格格不入，幼儿园课程似乎一旦触碰上"学科知识学习"，就容易被扣上"小学化"的帽子，打上"只重知识教学、忽视幼儿兴趣"的烙印。这样的情况只会导致幼儿园教师不敢、不易甚至不愿去触碰幼儿园优秀传统文化教育课程和教材体系构建这一"敏感"地带，似乎哪个环节没有处理好，就会触碰到"高压线"，这给幼儿园传统文化教育课程和教材体系构建带来了极大的阻碍。幼儿教育界整体对传统文化课程构建的热情和能力难以提升，课程发展也难以推进。由此我们可以看出，当前幼儿园传统文化教育课程实践中存在着解惑的需求。随着《意见》的颁布，相信这种现状将在很大程度上得以改善。

（四）了解中国特色社会主义教育和中国梦宣传教育的重要性

中国特色社会主义道路是在对中华民族5000多年悠久文明的传承中走出来的，具有深厚的历史渊源和广泛的现实基础。加强中华优秀传统文化教育，对于引导青少年学生更加全面准确地认识中华民族的历史传统、文化积淀、基本国情，认清中国特色社会主义的历史必然性，坚定走中国特色社会主义道路、实现中华民族伟大复兴的理想信念，具有重大而深远的历史意义。

（五）构建中华优秀传统文化传承体系，推动文化传承创新途径

当今世界，文化在综合国力竞争中的地位和作用更加凸显，越来越成为民族凝聚力和创造力的重要源泉，博大精深的中华优秀传统文化是我们在世界文化激荡中站稳脚跟的根基。青少年学生是祖国的未来，民族的希望，加强对青少年学生的中华优秀传统文化教育，对于培养中华优秀传统文化的继承者和弘扬者，推动文化传承创新，建设社会主义先进文化具有基础作用。

（六）践行社会主义核心价值观，落实立德树人根本任务

世界多极化、经济全球化深入发展，国内经济社会转轨转型，深化变革，现代传播技术迅猛发展，世界范围内各种思想文化的交流、交融、交锋更加频繁，社会思想观念日益活跃。青少年学生思想意识更加自主，价值追求更加多样，个性特点更加鲜明，社会上一些不良思想倾向和道德行为，对青少年学生健康成长产生了不容忽视的影响。加强中华优秀传统文化教育，对于引导青少年学生增强民族文化自信和价值观自信，自觉践行社会主义核心价值观具有重要作用。

二、幼儿园传统文化教育的内涵

（一）传统文化教育简述

1. 传统文化教育

周臻、黎莉、华雪春在《中国传统文化》中认为传统文化教育就是以传统文化为主要内容的教育。[1]

张霞英将传统文化教育定义为由教育者和教育机构承担的以中华优秀传统文化为依托，立足于其精神、价值、理念，有目的、有计划、有组织地对受教育者身心施加影响，旨在传承优秀传统文化并满足学生发展需求的相关教

---

[1]周臻,黎莉,华雪春.中国传统文化 [M].北京:航空工业出版社,2005:2.

育。①张媛磊认为传统文化教育是指根据社会需要，有目的、有计划、有组织地开展以儒家学说等中华传统文化经典为主要内容，使受教育者获得知识技能，陶冶思想品德、健全人格、发展智力的一种活动。综上所述，传统文化教育是根据社会发展的要求，教育者或教育机构以中华传统文化为依托，促进受教育者身心发展并引导其传承优秀传统文化的教育。

2.传统文化教育的指导思想

《完善中华优秀传统文化教育指导纲要》的通知指出：坚持以邓小平理论、"三个代表"重要思想、科学发展观为指导，深入贯彻落实党的十八大、十八届三中全会精神和习近平总书记重要讲话精神，全面贯彻党的教育方针，积极培育和践行社会主义核心价值观，围绕立德树人根本任务，以弘扬爱国主义为核心的团结统一、爱好和平、勤劳勇敢、自强不息的民族精神为主线，以推进大中小学中华优秀传统文化教育一体化为重点，整体规划、分层设计、有机衔接、系统推进，促进青少年学生全面发展，培养富有民族自信心和爱国主义精神的社会主义事业建设者和接班人。

3.传统文化教育的基本原则

坚持中华优秀传统文化教育与培育和践行社会主义核心价值观相结合。要坚持历史唯物主义和辩证唯物主义的立场、观点和方法，深入挖掘和阐发中华优秀传统文化讲仁爱、重民本、守诚信、崇正义、尚和合、求大同的时代价值。要处理好继承和创新的关系，重点做好创造性转化和创新性发展。

坚持中华优秀传统文化教育与时代精神教育和革命传统教育相结合。既要大力弘扬以爱国主义为核心的民族精神，又要积极弘扬以改革创新为核心的时代精神，继承和弘扬革命传统文化。

---

① 张霞英.小学优秀传统文化教育调查研究[D].济南：山东师范大学,2017.

坚持弘扬中华优秀传统文化与学习借鉴国外优秀文化成果相结合。既要高度重视培育学生的民族自信心、民族自豪感，又要注重引导学生树立世界眼光，博采众长。

坚持课堂教育与实践教育相结合。既要充分发挥课堂教学的主渠道作用，又要注重发挥课外活动和社会实践的重要作用。

坚持学校教育、家庭教育、社会教育相结合。既要发挥学校主阵地作用，又要加强家庭、社会与学校之间的配合，形成教育合力。

坚持针对性与系统性相结合。既要根据不同学段学生身心发展特点，区分层次，突出重点，又要加强各学段的有机衔接，逐步推进。

4. 传统文化教育的主要内容

中华优秀传统文化是中华民族语言习惯、文化传统、思想观念、情感认同的集中体现，凝聚着中华民族普遍认同和广泛接受的道德规范、思想品格和价值取向，具有极为丰富的思想内涵。加强对青少年学生的中华优秀传统文化教育，要以弘扬爱国主义精神为核心，以家国情怀教育、社会关爱教育和人格修养教育为重点，着力完善青少年学生的道德品质，培育理想人格，提升政治素养。

开展以"天下兴亡、匹夫有责"为重点的家国情怀教育。着力引导青少年学生深刻认识中国梦是每个人的梦，以祖国的繁荣为最大的光荣，以国家的衰落为最大的耻辱，增强国家认同感，培养爱国情感，树立民族自信，形成为实现中华民族伟大复兴的中国梦而不懈努力的共同理想追求，培养青少年学生做有自信、懂自尊、能自强的中国人。

开展以仁爱共济、立己达人为重点的社会关爱教育。着力引导青少年学生正确处理个人与他人、个人与社会、个人与自然的关系，学会心存善念、理解他人、尊老爱幼、扶残济困、关心社会、尊重自然，培育集体主义精神和生态文明意识，形成乐于奉献、热心公益慈善的良好风尚，培养青少年学生做高素养、讲文明、有爱心的中国人。

开展以正心笃志、崇德弘毅为重点的人格修养教育。着力引导青少年学生明辨是非、遵纪守法、坚韧豁达、奋发向上，自觉弘扬中华民族优秀道德思想，形成良好的道德品质和行为习惯，培养青少年学生做知荣辱、守诚信、敢创新的中国人。

5.全面推进传统文化教育

（1）明确传统文化教育内容

以培育学生对中华优秀传统文化的亲切感为重点，开展启蒙教育，培养学生热爱中华优秀传统文化的感情。认识常用汉字，学习独立识字，初步感受汉字的形体美；诵读浅近的古诗，获得初步的情感体验，感受语言的优美；了解一些爱国志士的故事，知道中华民族重要传统节日；了解家乡的生活习俗，明白自己是中华民族的一员；初步了解传统礼仪，学会待人接物的基本礼节；初步感受经典的民间艺术。引导学生孝敬父母、尊敬师长、友爱同学、礼貌待人，养成勤俭节约、吃苦耐劳、言行一致的生活习惯和行为规范，培育热爱家乡、热爱生活、亲近自然的情感。[①]

（2）以课程为载体开展传统文化教育

在课程建设和课程标准修订中强化中华优秀传统文化内容。围绕中华优秀传统文化教育的主要任务，适时启动课程标准修订和课程开发的研究论证、试点探索和推广评估工作。在各学段课程标准修订中，增加中华优秀传统文化内容比重。结合教学环节渗透中华优秀传统文化相关内容。鼓励各地各学校（幼儿园）充分挖掘和利用本地中华优秀传统文化教育资源，开设专题的地方课程和校本课程。

---

①教育部.关于印发《完善中华优秀传统文化教育指导纲要》的通知：教社科[2014]3号.[A/OL].［2014-04-01］.http://www.gov.cn/xinwen/2014-04/01/content_2651154.htm.

（3）提升中华优秀传统文化教育的师资队伍水平

在教师资格考试内容中增加中华优秀传统文化的比重。在师范院校开设中华优秀传统文化课程。打造一支中华优秀传统文化教育骨干队伍。

（二）幼儿园传统文化教育内涵

1. 幼儿园传统文化教育

许婷婷在其硕士学位论文《基于原创绘本的幼儿园传统文化启蒙教育研究》一文中，从词源学的角度，对于"传统文化""启蒙教育"等概念进行了追溯和阐释，分析了"传统文化教育"概念的历史流变过程，以及其在不同民族语境下的相对概念。她最终将"幼儿园传统文化教育"定义为"幼儿教师运用中华民族独有的物质和精神文化内核，面向心智未完全开发的幼儿开展教育活动，以提高幼儿对传统文化的认知力和感受力的教育。"[①]

有研究者认为，幼儿园传统文化教育是指"根据幼儿的身心发展规律特点，选择适宜的、与幼儿生活紧密相关的优秀传统文化，有目的、有计划地对幼儿施以影响的过程。"[②]

王水在《幼儿园传统节日文化课程研究》一文中，列举出了课程的四种定义，以及根据不同标准所进行的课程类型划分。从"生活性""经验性""主体性""整合性"四个方面，对幼儿园课程的定义的建构框架进行了归纳。将幼儿园传统节日课程定义为"以传统节日为教育内容，以实现传承民族文化、实现爱国情感为目标的一种幼儿园课程组织与实施的课程体系。"

廖庭婷在《幼儿园优秀传统文化教育课程的个案研究》一文中，对于幼儿园传统文化教育课程的相关概念，将"传统文化教育""幼儿园传统文化教育"

---

① 许婷婷．基于原创绘本的幼儿园传统文化启蒙教育研究 [D]．济南：山东师范大学,2019:10.

② 凌云．基于中国神话传说的幼儿园传统文化教育研究 [D]．济南：山东师范大学,2019:10.

与"幼儿园课程"进行了梳理分析，采纳了张霞英、冯晓霞、廖永平等学者的理论观点，进行了个人的传统文化教育定义阐释。

综上，"传统文化"指在历史进程中形成和发展起来的，随着历史演变而代代延续，绵延流传下来的物质文化和精神文化，如风俗、道德、思想、艺术、制度和生活方式等。"幼儿园传统文化教育"则是指幼儿园通过选择适合幼儿身心发展特点的传统文化课程内容、有目的、有计划地对幼儿进行的传统文化教育活动。

2.幼儿园传统文化教育价值

中华优秀传统文化的内容非常广泛、丰富。其教育价值涵盖了幼儿语言、科学、社会、艺术、健康等多个教育领域，对于激发幼儿的学习兴趣，满足幼儿德智体全面和谐发展的教育需求，能够起到积极有效的促进作用。

（1）德育

德育是幼儿教育的重要组成部分。幼儿期是塑造公民健康人格和形成良好道德素质的重要时期，如何让幼儿从小形成正确的道德观念，养成良好的行为习惯？中国传统文化经典中汇集了很多中国的思想精粹和美德，对于幼儿的人格塑造、传统美德的形成、情操的陶冶有着不可替代的作用。

（2）智育

中国传统经典诵读活动，可以增强幼儿的记忆能力，通过早期阅读，可以培养幼儿良好的阅读习惯，扩大幼儿的识字量，开发幼儿潜能，促进幼儿的智力发育。而九连环、华容道、七巧板、鲁班锁等经典传统玩具则因其设计科学、构思巧妙、变化无穷，能够活跃幼儿的形象思维，启迪幼儿智慧，对于培养幼儿的手眼协调能力，启发幼儿的形状概念、视觉分辨、认知技巧、视觉记忆、发散思维、创意逻辑等方面都具有一定的教育价值。

（3）美育

中国传统艺术是讲究意境、意蕴、情致的文化，幼儿在学习音韵优美、意境美妙、语言凝练、清雅别致的传统艺术作品时，可以使幼儿欣赏到一幅幅富有色彩、声响和流动感的画面，杨柳叠翠、山映花红、落日余晖、春江花月，可培养幼儿的艺术欣赏能力和审美能力，使幼儿在感受意境美、语言美、韵律美和情感美的同时，提高对于社会美、自然美的敏感性。

幼儿园传统文化教育应当以培养具有坚实传统文化根基的现代儿童为目标，通过创设丰富的教育环境，将传统文化课程渗透于幼儿的一日生活之中，融合于幼儿多样化的活动当中。积极开展"以弘扬和传承为核心，以幼儿幸福成长为根本、以幼儿的全面健康发展为目标"的丰富多彩的传统文化教育课程。积极建设与系统管理幼儿园传统文化教育课程。

3. 幼儿园传统文化教育目的

幼儿园实施传统文化教育旨在教会幼儿"做人，做中国人，做现代中国人"。因此，幼儿园传统文化教育目的可以分为三个方面：

第一，了解中华民族的文化、历史。《幼儿园教育指导纲要（试行）》中明确提出要"引导幼儿实际感受祖国文化的丰富与优秀，感受家乡的变化和发展，激发幼儿热爱家乡、爱祖国的情感。"

第二，加强幼儿道德教育，尤其是传统美德教育。

第三，提高幼儿的"文化认同感"和"文化自信心"，增进对中华民族的"归属感"。

《3—6岁儿童学习与发展指南》（以下简称《指南》）中的"社会性发展"领域列出了"归属感"的目标，其中就包括文化上的归属感，这与当前弘扬传统文化的价值取向是一致的。因此，《指南》分不同年龄段确定的"具有初步归属感"目标，包括了解自己的家庭成员与自己的关系、感受家庭和班级的温暖、了解家乡／民族／国家代表性的事物及成就、为自己是中国人感到自豪等，在传统文化教育中是值得参照的，因为它使认知层面的目标与归属、认同这些情感层面的目标紧密联系，目标定位更加着眼于长远的可持续发展。

4.幼儿园传统文化教育内容

（1）传统文化教育活动内容的选择依据

① 依据幼儿园课程目标

"幼儿园课程是实现幼儿园教育目的的手段，是帮助幼儿获得有益的学习经验，促进其身心全面和谐发展的各种活动的总和。"①幼儿园课程指明了幼儿需要获得的经验、能力，涵盖了幼儿需要掌握的基本的知识，具有基础性、启蒙性和整合性。

传统文化教育的内容通过一定的方式进入幼儿园的课程中，成为幼儿需要体验、了解以及获得的具体知识，由课程目标规定了幼儿需要了解学习什么样的知识，获得什么样的技能，培养什么样的情感。

② 依据幼儿的兴趣与需要

传统文化教育的内容是符合幼儿的兴趣，贴合幼儿的生活，选择的教育内容与幼儿生活经验相关联，符合幼儿的需要，这样的内容才会让幼儿有兴趣参与其中。因此，在幼儿园选择传统文化教育内容时一定要从幼儿已有的社会经验出发，从幼儿身边的传统文化出发，让传统文化教育可见、可感。这样才能做到真正激发幼儿的活动兴趣，达成传统文化教育目标。

③ 依据幼儿教师自身的知识与经验

教师是教学的主体，当幼儿教师有足够的组织传统文化教育活动的经验时，教师会更加倾向于选择更多的传统文化的内容，推动传统教育活动的开展。所以，幼儿园传统文化教育内容的甄选首先要求教师要具有一定的传统文化内

---

①冯晓霞.幼儿园课程[M].北京：北京师范大学出版社,2000:14.

涵，只有教师充分掌握了传统文化相关知识与技能，才能依据幼儿发展需求选择适宜的传统文化教育内容。

④ 依据现实可用资源

传统文化教育资源是幼儿园开展传统文化教育活动的必备条件之一。只有当幼儿园具备了可用的传统文化教育资源时，才能保证传统文化教育活动的顺利开展。另外，家庭资源、社会资源与幼儿园资源相互配合，相互补充，为幼儿园开展传统文化教育活动提供帮助。

（2）传统文化教育活动的内容种类

在幼儿园教育实践中，传统文化教育内容十分广泛，具体主要可分为六个种类（表3-1），即传统节日类、传统游戏类、传统文学类、传统艺术类、传统科技类和传统饮食文化类。

表 3-1　幼儿园传统文化教育内容

类别	具体内容（示例）
传统节日类	春节、元宵节、清明节、端午节、中秋节、重阳节、腊八节、二十四节气、民族节日等
传统游戏类	棋类游戏、七巧板、翻绳游戏、跳房子、编花篮、跳皮筋、丢手绢、老鹰捉小鸡、转陀螺、丢沙包、踢毽子、民族传统游戏等
传统文学类	绕口令、猜谜语、童谣、成语、古诗词、《弟子规》《三字经》《百家姓》、民间故事、神话传说等
传统艺术类	剪纸、秧歌、腰鼓、国画、京剧脸谱、皮影、扎染、衍纸、刺绣、灯笼制作、版画拓印、浮水画、编织（中国结、衣物等）、青花瓷、纸伞、纸扇、泥塑；各类民族服饰、布料等
传统科技类	篆刻、中医中药、造纸术、活字印刷、指南针以及天安门、故宫、长城等古建筑的搭建等
传统饮食文化类	茶文化、各种地方特色饮食制作工具、饮食种类、饮食制作原材料（来源、作用）、饮食制作工艺等

第四章
幼儿园传统文化教育园本课程的建构

一、确立幼儿园传统文化教育课程目标

课程目标把教育的目的和课程两者紧密联系到一起。课程目标既明确了课程编制的方向，也是课程实施的落脚点。因此，在幼儿园传统文化教育园本课程的建构中，对传统文化教育课程目标的确立分层次确立。

在幼儿园传统文化教育课程目标的确立中，应纵向确立课程目标。从课程总目标、各年龄阶段目标和具体活动目标三个方面来阐述。

（一）幼儿园传统文化教育课程教育总目标

幼儿园传统文化教育课程教育总目标是指幼儿园开展传统文化教育课程的主要目的。根据传统文化教育内容的要求，从认知、技能、情感三方面进行阐述。认知目标主要明确课程对具体传统文化内容的总体认识与了解；技能目标主要明确幼儿对传统文化技能的掌握与应用；情感目标主要明确通过传统文化教育课程激发幼儿对传统文化的情感，激发幼儿的爱国情怀。这三个层次主要将传统文化教育课程的目标定位在幼儿一般能力的获得上，注重幼儿学习品质的培养并且关注幼儿社会情感的发展。

（二）幼儿园传统文化教育课程各年龄阶段教育目标

各年龄阶段目标是幼儿园课程目标体系中的核心，以儿童的发展作为目标设置的框架，其具体的操作性相较于总目标更加具体，由于不同年龄阶段的幼儿在身心发展方面表现出不同的特点，所以各年龄阶段的课程目标需紧

密围绕着幼儿不同年龄阶段的发展特点和需求进行设定。

在各年龄阶段目标的确定中，知识、能力和情感三个维度上的目标在年龄阶段上应总体呈连续性和递阶性。前后目标具有连续性，前一个年龄阶段目标是后一个年龄阶段目标的积淀，后一个年龄阶段目标更新了前一个年龄阶段目标的发展水平。同时，三方面目标随着年龄的增长，发展要求也有随之提高的趋势。同时还要注意在制定各年龄阶段目标时，应避免过于注重知识的学习和技能的掌握而轻视情感的发展，同时目标的设置要适应幼儿各年龄阶段的发展水平。

（三）幼儿园传统文化教育课程中的具体活动目标

活动目标是指教师在预设传统文化教育活动时所制定的目标，一般体现在教师的活动设计中并且对传统文化教育活动的实施起到具体的指导作用。具体活动目标较之于总目标和年龄阶段目标更加具体和细化，直观性和可操作性比较突出。因此，在具体活动目标的设置中，教师应从幼儿已有发展水平出发，制定针对性强、具体准确的教育目标，并将教育目标的达成作为活动效果评价的重要指标。

二、选择幼儿园传统文化教育课程内容

幼儿园传统文化教育课程内容指的是遵循课程目标选择的按照某种方式来组织的基本知识、基本态度和基本行为。[①]幼儿园实施优秀传统文化教育课程主要是充分挖掘中华优秀传统文化，特别是本土非物质文化遗产当中对幼儿发展有益且与幼儿生活紧密相关的文化内容，利用学前儿童已有的经验，将传统文化教育融入幼儿园一日活动课程中，引导幼儿学习使用适宜的工具、个性的方法来表达对传统文化的理解与感受，提高学前儿童的文化素养。与此同时，

---

①虞永平.幼儿园课程评价[M].南京：江苏教育出版社,2002:196.

将中华优秀传统文化与幼儿园课程相结合，引导幼儿在学习欣赏和操作体验的过程中，充分感受中华优秀传统文化的博大精深，激发幼儿的民族自豪感和文化自信心，提高幼儿的审美能力和文化素养，在幼儿的心里埋下一颗传统文化的种子，以期幼儿在日后的成长过程中，不断继承与发扬中华优秀传统文化。

（一）选择传统文化教育课程内容的依据

幼儿园传统文化教育课程内容的选择，应从幼儿生活经验出发，选择优秀传统文化课程内容。

幼儿园优秀传统文化教育是依据幼儿身心发展特点开展的，促进幼儿在已有水平上得到一定发展的教育活动。因此，在课程内容的选择上，应从幼儿现有生活及社会环境出发选择，使传统文化教育内容源自幼儿生活，让幼儿能够看得见、摸得着。而不是所有传统文化都可以作为幼儿园传统文化教育内容。同时，还要关注传统文化教育内容对幼儿的发展作用。

1.关注传统文化教育中对幼儿技能的要求

不同年龄阶段幼儿动作能力发展水平不同，这就需要在传统文化教育中，依据幼儿年龄特点确定相应的教育内容。

2.关注传统文化教育中便于幼儿获取直观经验且感兴趣的主题创设

主题的创设对传统文化教育活动十分关键，教师们有意识地寻找适宜的幼儿感兴趣的主题，选取便于幼儿在日常生活中感知和体验到的事物作为传统文化教育内容。逐渐形成丰富的园本传统文化教育课程主题库，供老师们选取合适的素材进行活动设计和教学。不仅有利于教师进行传统文化教育实践，同时也有助于促进幼儿发展。

3.关注传统文化教育价值的挖掘

幼儿园传统文化教育过程中，幼儿通过欣赏传统文化作品，感受美、表现美和创造美的能力在不同程度得到发展，同时也提高了幼儿的审美素养和能力。因此，在传统文化教育过程中，应关注传统文化审美素养的提升及对精神世界涵养的培养。

（二）课程内容的组织方式

冯晓霞认为幼儿园课程内容组织指的是创设有益的环境，促进幼儿园课程活动兴趣化、有序化和结构化，产生适宜的学习经验和良好的教学成效，帮助幼儿生成适宜的经验，提升课程效益，从而达成课程目标的过程。[①]幼儿园课程的内容组织表现出不同的方式，以领域为中心和以活动主题为中心是常见的内容组织方式。

1. 以领域为中心

以领域为中心的课程内容组织方式即把该领域的重点知识按照一定的逻辑顺序进行组织，课程内容一般由浅到深，由易到难，循序渐进。童印课程初始阶段，多以单一的艺术领域活动为主，重在发展幼儿的美术技能技巧和艺术表达能力而忽略了幼儿对整体文化的感受与表现。以艺术领域为主的童印课程使得儿童的知识与经验比较分散，在一定程度上限制了儿童深入其他领域发展的机会，使得幼儿出现发展不均衡的情况。

2. 以活动主题为中心

以活动主题为中心的课程内容组织方式即选定一个主题，围绕主题选取与幼儿年龄、兴趣、经验相符合的内容组织成为主题课程。在教育形式上，无论对领域活动还是主题活动，都把其作为一个系统来看待，以某一种传统文化为基底，选择一个核心议题进行扩展，整合五大领域的内容，随之生成一系列的主题活动，而在这些主题之中，包含了健康、语言、社会、科学和艺术等各个领域的内容，关注到幼儿的生活经验和个体差异，促进了幼儿的全面发展。

---

①冯晓霞.幼儿园课程 [M].北京：北京师范大学出版社,2000:72.

通过构建主题框架，为每一个主题活动都建构一个网络系统，根据目标体系，各年龄段课程主题均从传统文化的"感知积累""多元体验"和"创意应用"这三个维度来建构主题活动。在感知积累部分，根据幼儿已有的经验，教师通过开展五大领域的活动，不断丰富幼儿关于该主题的感性经验和相关知识的积累，最大限度地整合各领域当中与该主题相关的知识，为幼儿进一步开展多元艺术活动奠定良好的基础。在多元体验环节，教师为幼儿提供丰富的并且具有高、低结构层次性的材料，引导幼儿以多种形式来表达对于该主题的理解和感受。创意应用这部分以幼儿对传统文化的应用为主，通过创设与主题相关的情境，全方位调动幼儿前期积累的经验以及参与多元体验活动获取的经验，引发幼儿新的学习经验，从而进一步引导幼儿积极投入到传统文化教育综合活动中去。

三、幼儿园传统文化教育课程的实施策略

课程实施是将课程计划付诸教育实践的过程中，希望达到预期的教育目的和课程目标的行为。幼儿园传统文化教育课程的实施不是单一的，而是多元的。

（一）环境熏陶

瑞吉欧教育理念提出"环境是第三位老师"，幼儿园特定的环境创设对幼儿的身心发展起到潜移默化的作用。在幼儿园进行环境创设是优化幼儿成长空间、提高幼儿生活质量、构建美好生活环境的一条重要的途径。将传统文化教育内容融于幼儿园环境创设中，让幼儿置身于相应的传统文化氛围中，不仅有利于幼儿对传统文化的感受、理解与认同，同时也有助于幼儿传统文化素养的提升。

（二）创作体验

3—6岁的学前幼儿认知发展和学习特点决定了幼儿学习传统文化教育课程必须在亲历实践和动手操作中逐渐体悟传统文化。因此，通过各种活动，

引导幼儿参与传统文化的创作、表现和体验活动，是传统文化教育的重要内容之一。

（三）欣赏陶冶

幼儿学习传统文化教育课程需在形式多样的活动中提高其文化素养，提升其审美素养，陶冶其文化情怀。所以，欣赏、陶冶是传统文化教育的重要途径之一，教师在日常活动中可通过开展多种多样的欣赏活动，让幼儿在欣赏中内化传统文化精髓，促进传统文化教育的有效开展。

四、幼儿园传统文化教育园本课程的评价策略

课程评价是对课程的价值做出判断的过程。[①]课程评价也是教师根据课程实践从而发现问题、分析问题和解决问题的过程，教师在这个过程中也提升了自身的专业素养。

幼儿园传统文化教育园本课程的评价主要包括：教师评价与幼儿评价两个方面。

（一）教师教育评价

教师是课程的主要实施者，其观念和行为是影响幼儿园课程实施效果的主要因素。教师可以通过课程评价及时调整自己的观念和行为。这不仅有助于幼儿的发展，也有助于教师自身的成长与提高。对幼儿园教师评价主要是通过教师了解幼儿的发展情况，从中找寻课程的优缺点，从而进一步优化课程，达到提升幼儿发展水平的目的。教师的评价主要集中在教师的传统文化教育园本课程与幼儿园其他课程的融合能力、日常活动设计与实施能力三方面：

1.传统文化教育园本课程与幼儿园其他课程的融合

传统文化教育园本课程与幼儿园其他课程的融合是指教师在日常活动设

①教育部基础教育司.幼儿园教育指导纲要（试行）[M].南京：江苏教育出版社,2002:38.

计中，如何将传统文化教育园本课程内容有效与其他课程进行融合。主要有传统文化教育园本课程内容与其他课程内容上的融合、活动形式上的融合。传统文化教育园本课程内容与其他课程在内容上的融合体现在集体教学活动设计、区域活动设计、户外运动活动设计和主题教学活动设计等方面。

2.传统文化教育园本课程在幼儿园一日活动中的融合

主题活动设计是教师在幼儿园活动管理与课程设计方面的基本能力。将传统文化教育园本课程与幼儿园主题活动有机融合也是教师的基本能力之一。主题活动设计应包括幼儿在园主题活动的各个环节，教师将传统文化教育园本课程融入幼儿园主题活动的各个环节，让幼儿在生活中进行传统文化体验创作是幼儿园传统文化教育的主要途径。

3.传统文化园本教育课程的实施

传统文化园本教育课程的实施是教师将传统文化教育园本课程内容通过各种活动组织实施的过程，这个过程主要有活动设计能力、活动组织能力及幼儿发展情况。传统文化教育活动设计体现了教师将传统文化的内涵与幼儿认知特点及生活经验有机结合，设计教学活动，并根据活动设计通过多种活动组织实施，促进幼儿发展。

（二）幼儿发展评价

通过幼儿园传统文化教育园本课程促进幼儿的发展，是幼儿园传统文化教育的根本目的。传统文化教育园本课程实施过程中幼儿发展的评价可从情感体验、技能掌握和理解创作三方面进行。在评价过程中主要以质性评价为主，通过对幼儿参与传统文化教育活动的过程性材料，利用作品分析、同伴互评、教师评价和家长评价等多种方式进行。

第五章
二十四节气传统文化教育园本课程建构与实践

一、二十四节气的基本内涵

我们常说的二十四节气（Twenty-four solar terms）在《现代汉语大词典》中的定义是"根据地面观察太阳在黄道上的位置，将全年分成反映中国一定地区的季节、气候、农事活动和自然现象情况的二十四个时段"。二十四节气的名称按一年的时间顺序依次是：立春、雨水、惊蛰、春分、清明、谷雨、立夏、小满、芒种、夏至、小暑、大暑、立秋、处暑、白露、秋分、寒露、霜降、立冬、小雪、大雪、冬至、小寒、大寒。从二十四节气的命名可以发现，节气的划分同时兼备了季节、气候、物候等自然现象的变化。其中立春、惊蛰、清明、立夏、芒种、小暑、立秋、白露、寒露、立冬、大雪、小寒为"节"；雨水、春分、谷雨、小满、夏至、大暑、处暑、秋分、霜降、小雪、冬至、大寒为"气"，二十四节气就是"节"和"气"的总称。民间有《二十四节气歌》如下：

表 5-1　《二十四节气歌》

春	春（立春）	雨（雨水）	惊（惊蛰）	春（春分）	清（清明）	谷天（谷雨）
夏	夏（立夏）	满（小满）	芒（芒种）	夏（夏至）	暑相连（小暑、大暑）	
秋	秋（立秋）	处（处暑）	露（白露）	秋（秋分）	寒（寒露）	霜降（霜降）
冬	冬（立冬）	雪（小雪）	雪（大雪）	冬（冬至）	寒（小寒）	又寒（大寒）

产生于黄河流域的二十四节气有着悠久的历史传承，是我国古代劳动人民在长期的生产实践中，不断总结经验逐渐发展起来的。可以说二十四节气的产生与发展，也是我国农耕文明不断发展的一个侧写，是人们在长期与自然的交流中逐渐形成的智慧。二十四节气与人们的生产生活息息相关，它能比较全面、细致地反映一年中的主要气候现象，对农业活动的生产具有深切的指导意义。

二、二十四节气与幼儿园教育的契合点

《3—6 岁儿童学习与发展指南》（以下简称《指南》）中指出"利用传统节日等，适当向幼儿介绍我国民族的文化"，二十四节气文化作为幼儿园生活性活动的内容选择，完全符合《指南》提出的这项要求，并且对幼儿的身心发展具有积极的作用。

第一，二十四节气的本质是自然的产物，与幼儿的天性相合

在查阅文献的时候，经常能看见这样一句话："儿童是自然之子"，这句话说明了儿童与自然之间辩证统一的关系。儿童的天性是天真烂漫的，在儿童时期，幼儿的精神世界以想象为主导，这种"万物有灵""万物有情"的思维特点，让幼儿天生就具备了与自然进行交流的能力。一些理论也能佐证儿童是"自然之子"的观点。《老子》中说："人法地，地法天，天法道，道法自然"，即人的行为模式归根到底是来源于自然的，可以说人，特别是儿童，是自然的产物。精神分析学派也强调了人类精神系统自然性的特点。法国思想家卢梭认为人类文化中任何崇高理想必须遵循天性，强调了尊重自然人、捍卫自然人和培养自然人的观点。

二十四节气就是来源于自然，二十四节气的自然属性与幼儿的自然天性可谓相辅相成、相得益彰。幼儿的天性就具有好奇心，喜欢探索自然，具有亲自然性和亲生命性，而二十四节气中蕴含的丰富的自然物候现象可以成为幼儿探

表 5-2　二十四节气特点及习俗

节气	特点	习俗
立春	春季开始	春画、"打牛"、吃春饼、春盘、咬萝卜
雨水	降雨开始	"拉保保"
惊蛰	惊醒冬蛰	吃生梨、手持清香、艾草熏家中四角
春分	昼夜平分	竖蛋、吃春菜
清明	天晴日盛	扫墓、踏青、荡秋千、踢蹴鞠、打马球、插柳等
谷雨	雨生百谷	"走谷雨"
立夏	夏季开始	斗蛋、称人等
小满	麦类饱满	抢水、祭车神
芒种	麦类成熟	祭祀花神、煮梅
夏至	热夏来临	消夏避伏、吃夏至饼
小暑	开始炎热	晒伏、吃黄鳝、食藕
大暑	一年最热	送大暑船
立秋	秋季开始	秋忙会、秋社、摸秋
处暑	暑天结束	祭祖迎秋、放花灯
白露	天气转凉	吃龙眼、过白露节
秋分	昼夜平分	吃秋菜、拜神
寒露	将要结冰	登高
霜降	开始有霜	赏菊、吃柿子、进补
立冬	冬季开始	迎冬、贺冬
小雪	开始下雪	腌腊肉、吃糍粑
大雪	雪量增多	滑冰嬉戏、冬令进补
冬至	寒冬来临	吃饺子、吃汤圆、祭祖
小寒	开始寒冷	吃菜饭
大寒	一年最冷	尾牙祭

索自然的一种途径和桥梁。因此，将二十四节气与幼儿园亲自然性活动相融合，使幼儿对二十四节气的认知不仅浮于表面，而是真正地走进自然，观察身边自然物候的变化，这正是对幼儿自然天性的尊重和遵循，也是我们教育的目标。

第二，二十四节气的内容本身与幼儿园社会性活动的教育内容选择要求有着一定的适配性

从民俗学的角度来看，二十四节气作为一种岁时性的节日系统，在民间表现为各种不同的风俗。因此，二十四节气文化从本质上来说也是一种大众文化，与人们的生活紧密联系，息息相关。关于二十四节气的活动从内容上来说涵盖了对自然的认知、对生命的思考以及对生活的热爱。我国传统的节气文化包含了十分丰富的内涵和习俗活动，比如节气饮食（如春分吃春菜、清明吃青团等）、节气物品（如立春的春画、处暑的花灯等）、节气活动（春分的竖蛋、立夏的斗蛋、称人等），具体如表 5-2 所示。

这些习俗活动都是在人们生活中逐渐发展形成的，人们正是通过这些习俗活动表达对自然的敬畏和对美好生活的期盼。幼儿园社会性活动需要具有生活性和趣味性，其教育内容的选择需要贴近生活且富有趣味性，这样才能激发幼儿的兴趣和探索的愿望。可以说，二十四节气的内容是符合这一要求的，将二十四节气与幼儿园社会性活动相融合，可以将这些节气活动以幼儿喜闻乐见的形式呈现，丰富幼儿园社会性活动。

三、二十四节气与幼儿园社会性活动融合的意义

布朗芬布伦纳的生态系统理论认为，个体的发展是其所处环境系统的相关作用，其中社会和文化就属于对于儿童发展产生作用的宏观系统，这种文化不仅是当今文化，还包括一个民族悠久的文化传统和文化遗产。维果茨基的社会文化理论也特别强调了文化因素对于个体发展的重要作用，个体的学习就是在一定的历史、社会文化背景下进行的。由此可见，传统文化对于儿童发展的重

要作用，而中国二十四节气作为中华民族优秀的传统文化之一，结合《指南》中关于幼儿在各领域中的发展目标，能充分体现二十四节气融入幼儿园的亲自然教育活动对于幼儿的身心发展的积极意义。

（一）二十四节气中的自然变化能促进幼儿对周围环境的关注

二十四节气的根源来自自然，它反映了古人对自然敬畏的朴素价值观和尊重自然规律的人文情怀，并直接表现说明了不同时令中的物候变化和自然现象，如春季的惊蛰表现了冬眠蛰伏的动物开始苏醒，清明表现了天气晴朗草木繁茂；夏季的芒种表现了麦类等有芒作物饱满，大暑表现了一年中最炎热的状态；秋季的处暑和白露表现了季节交替的温度变化，霜降表现了开始有霜的自然现象；冬季的冬至是全年白昼最短、黑夜最长的日子，大寒则表现了一年中最寒冷的状态。可以说，一年四季都有不同的变化，从植物的春种、夏长、秋收、冬藏，到天气的春风和煦、炎炎夏日、秋高气爽、凛冬寒风，再到动物的春醒冬眠，值得让我们仔细观察探究。

《指南》中指出："亲近自然，喜欢探究""在探究中认识周围事物和现象"，这是在科学领域提出的发展目标，也是我们幼儿园教育需要努力的方向。幼儿经常与大自然接触，能激发其对周围环境的好奇心和对未知事物的探索欲。大自然包罗万象，对于在城市生长的幼儿，自然的教育意义显得尤为重要。教师在利用自然进行教育的时候需要有所选择和挖掘，选择合适的内容，将自然中蕴含的认知经验系统性地与幼儿进行分享。而将二十四节气融入幼儿园教育，就好比在幼儿与自然之间架起了一座桥梁，以节气中的物候变化与自然现象为指引，将自然的变化以时间为线索串联在一起，将抽象的四季变迁具象为主题活动，引导幼儿关注四季周围的环境变化，在不同的时段根据观察重点的不同，时时发现自然带给我们的惊喜。如"雨水"节气期间，阴雨绵绵，万物开始生长，教师可以组织幼儿收集关于"雨"的相关资料，在活动中聆听下雨的声音，雨后到操场上踩水嬉戏，到草地上观察草木开始生长的样子。二十四节气就像是幼儿打开探索自然之路的指明灯，通过它的引导，激发其对自然的好奇与热爱，尝试在自然中探索和发现。

（二）二十四节气中包含的习俗活动能激发幼儿对传统文化的兴趣

弘扬优秀传统文化是现阶段党和国家交给我们教育工作者的一大重要目标，有相关研究表明，个体受西方外来文化的影响与其年龄呈负相关关系，也就是说，年龄越小，越容易受到外来文化的影响，相对地对于传统文化的关注也更少。因此，对于学龄前儿童的传统文化教育就显得尤为重要。教育是优秀传统文化得以传承的载体，兴趣是传承传统文化的最佳动力。对于学龄前的幼儿，简单的说教、刻板的学习只会适得其反，一些趣味性、参与性、互动性强的民间游戏和神话故事等才是比较适合的教育内容。二十四节气中所包含的优秀传统文化和自然知识具有认知上的传承功能，而其中的习俗活动则具有在兴趣上传递历史文化的功能。首先这些习俗活动在经过漫长历史岁月的演变，其本身就是传统文化的体现，其次习俗活动的趣味性能吸引幼儿积极参与，产生良好的情绪体验。对于节气文化的传承，不应只流于形式，浮于表面，更应该发挥其在日常生活中的作用。《指南》中也强调"幼儿园的课程设置要以幼儿为中心""突出幼儿通过直接体验进行学习的特点"。教师可以在了解二十四节气习俗活动的基础上，结合当前的节气变化组织一些有趣的习俗活动，如立夏称人，春分竖蛋，清明踏青等，将这些有趣的节气习俗活动融到幼儿园亲近自然的活动中，有利于加强幼儿对于传统文化的关注和了解，从情感上更容易接受传统文化的熏陶，从而自觉养成传承和发扬传统文化的意识，激发民族自豪感。

（三）二十四节气中亲近自然的特质有助于幼儿审美情趣的提高

所谓审美情趣，就是指幼儿对生活中美好事物的感知情况。《指南》在艺术领域中提出"喜欢自然界与生活中美的事物"的发展目标，并建议幼儿要"感受、发现、欣赏自然环境和人文景观中美的事物"，一起发现美的事物的特征，感受和欣赏美。大自然中富有美的事物，山川河流、花开花落、云卷云舒，无一不蕴藏着美的特质，彰显着美的气息，这些美好的事物也正是幼儿进行学习的最佳对象。自然是人类艺术的灵感源泉，是情操陶冶的最佳途径。幼儿的思维具有直接感知的特点，而二十四节气中就蕴含着自然之美。通过二十四节气与幼儿亲自然性行为，可以让幼儿更好地感知自然界中美的事物，从视觉的观察、听觉的聆听、嗅觉的闻味、触觉的抚摸和味觉的品尝，多种途径，多种通道共同感知，发现生活中的美好，得到美的熏陶。如立春时的画春活动，清明时的外出踏青等，都能在生活中、在自然中发现美好，从而促进幼儿发现美、感知美、表现美的能力发展，提高幼儿对美的感悟和审美情趣。

（四）二十四节气的时序性有助于幼儿秩序感的形成

二十四节气的内容包含了自然界中的各种自然现象的变化，而这种变化具有自身的内在规律，并且通常是以一年为期限，寒来暑往，四季轮回，有始有终，循环往复，表现出了一定的规律性。而人们则遵从这种内在规律进行农事活动，春种夏长、秋收冬藏，整体的社会活动也表现出一定的规律。这样的规律我们可以称之为时序性。二十四节气的时序性就表现在自然的规律、劳动的规律方面，而对于幼儿的发展，也需要一定的规律意识，我们可以称之为秩序感。首先，幼儿个体的发展是具有规律的，作为教师要尊重幼儿的发展规律。其次，幼儿需要养成规律的意识。《指南》中在健康领域指出要让幼儿"保持有规律的生活，养成良好的作息习惯。"通过对二十四节气的学习，可以从前人的时序性中寻找自己的规律性，从而尊重规律、养成规律，促进幼儿身心的健康发展。

四、二十四节气传统文化园本课程目标体系

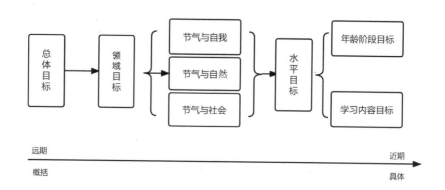

图 5-1 二十四节气传统文化园本课程体系

二十四节气传统文化园本课程目标体系包括课程的总体目标、领域目标和水平目标，每一层目标之间都是层层深入，承上启下的关系。

（一）园本课程总体目标

二十四节气传统文化园本课程总体目标是连接学前教育目的与园本课程的桥梁，使二十四节气传统文化的特定教育价值能够在幼儿园课程中得以体现。总体目标的确定需要结合我国 2001 年颁布的《幼儿园教育指导纲要（试行）》中对于幼儿园课程目标提出的相关要求进行深刻的理解，并针对幼儿的身心发展、节气文化的相关知识、教育工作人员与课程专家的建议等方面来综合考虑，二十四节气传统文化园本课程的总体目标：通过感知、游戏、体验的途径，引导幼儿体会自然的四时变化和季节轮回，感受祖国文化的深厚底蕴以及古代劳动人民智慧的结晶与现代开放创新的新时代多元文化的融合，培养幼儿尊重、平等、坚毅、开放的态度，感知人类文化的多样性和差异性，使其成为幸福和谐的人。

（二）园本课程领域目标

1. 二十四节气与自我

二十四节气与自我部分的目标着眼于幼儿对于自我的认识以及了解自我、悦纳自我和发展自我的能力，具体的目标包括：①能够在活动中体察自身的心理活动，知道自己的兴趣、爱好、需求和愿望，能形成对自己的看法，建立积极的自我概念，意识到自身是一个独特的个体，能够欣赏自己；②知道必要的气候常识，能够敏感体察环境气候的变化，依据变化对自身穿衣、饮食、活动等做出调整，提升自我保护的意识和能力；③喜欢参加丰富多彩的传统习俗与民俗活动，喜欢参与户外游戏与体育活动，有积极参与体育活动的兴趣与习惯，增强自身体质；④在节气活动中能够清楚、大胆地表达自己的想法和感受，尝试描述和说明简单事物发展过程，提升语言表达与思维能力；⑤通过接触优秀的节气文学作品，感受祖国优秀文学作品语言的丰富和优美；⑥喜欢参加二十四节气相关艺术活动，体验自由表达与创造的快乐，大胆表达自己的情感体验，提升自身表现的技能和能力；⑦知道自己的兴趣与爱好，用自己喜欢的形式进行艺术表现活动。

2. 二十四节气与自然

教育需要自然，教育要尊重幼儿的发展规律，敬畏幼儿的自然天性，尊重他们的生活世界。自然的发展也离不开教育，幼儿自然本性的唤醒依赖教育，需要教育来启蒙。亲近大自然的启蒙教育顺应了儿童天性，以自然为师，追求儿童的幸福生活。此部分内容的目标关注幼儿对生活与自然环境的感知力、好奇心以及对事物关系的感知与理解，具体的目标包括：①对身边事物和现象的特点、四时变化的规律感兴趣并且有探究的欲望；②能够利用多种感官和工具材料，动手动脑，多种途径和方式探究和解决问题；③能够通过讨论、探索等方式以多种方式表现、交流、分享探究过程与结果，培养合作的意识和能力；④亲近自然，珍惜自然环境与自然资源，关心周围的环境，爱护动植物，养成初步的环保意识和行为；⑤能通过接触周围的环境与生活中的美好事物，丰富自身的感性经验和审美情趣，感受并喜爱生活和环境中的美；⑥能够发现自然界与生活中事物的联系与关系，理解节气规律、季节变化对自然界以及人们的生产生活所产生的影响；⑦拥有敬畏自然、顺应自然的态度。

3. 二十四节气与社会

二十四节气与社会包含了幼儿对社会和幼儿对他人的认知与体验，这一部分的目标注重培养幼儿体验自身与外界其他人、事、物的关系与连接，发展幼儿的社会认知能力与人际交往能力，具体的目标包括：①理解并能遵守日常生活中的基本的行为规范与社会准则，培养一定的规则意识，能够自律和尊重他人；②能够主动自信地参与各种活动，愿意与同伴交往，能体验到与教师和同伴共同活动的快乐，养成对他人和对社会亲近的态度，在集体中感到温暖、安全、有信赖感；③能够做好力所能及的事情，有初步的责任感，遇到困难积极尝试解决与克服，能够及时寻求帮助；④了解自己与长辈、同伴、生活中各行各业人的社会关系，培养尊重他人、乐于合作、有良好的社会交往的能力；⑤感受源远流长、灿烂辉煌的中华文化，体验向上向善的中华民族人文精神，传承中华传统美德，激发热爱祖国的情感。

（三）园本课程水平目标

课程的水平目标是根据幼儿身心发展特征与学习内容特点来确定的，从幼儿身心发展规律来看，可以将课程目标相应地划分为小班、中班和大班课程目标。从教育活动的类型来看，可以将课程的目标划分为教学活动目标、生活活动目标和游戏活动目标。另外从时间范围来看，可以将课程目标划分为学期课程目标、月课程目标和周课程目标等。

1. 以年龄阶段目标划分

二十四节气传统文化园本课程是贯穿幼儿园三年的连续的教学活动，小、中、大班的课程目标既应该呈现出相互联系、不断发展的递进性，又应该体现出根据每个年龄阶段幼儿身心发展特点，目标有所侧重的阶段性。以"春分"节气为例（表5-3），春分这一节气可以挖掘出来的活动资源有很多，如：节气本身的含义、物候特征、民间活动等，可选取适合学前阶段的内容，利用丰富有趣的活动形式，让幼儿真切体会和感受春分节气与我们生活息息相关。小、

表 5-3 "春分"不同年龄阶段课程目标

年龄	活动名称	活动目标	设计意图
小班	春分到蛋儿俏	1.知道春分是二十四节气之一，了解春分的含义。 2.能仔细观察、不断尝试，找到"竖蛋"技巧。 3.愿意与同伴分享自己的发现。	目标的设定主要从认知、技能、情感三个维度进行。依据幼儿的发展水平与活动特点，本次活动的重难点主要集中于技能目标。
中班	春分到麦儿笑	1.理解古诗《春分》的含义，了解节气特点与习俗活动。 2.能用多种工具、材料制作风筝，用绘画表现期盼的事物。 3.喜欢制作风筝的过程，体验制作风筝和放风筝的乐趣。	1.小班注重了解含义；中班教育则是从提升到知道含义，再到了解习俗。 2.幼儿已具备欣赏能力，教师应提供欣赏内容，创造表达机会。 3.幼儿体验"满足"感，"赠人玫瑰，手有余香"的喜悦会深深影响幼儿的成长与发展。
大班	春分到筝儿高	1理解古诗《春分》的含义，了解节气特点与习俗活动。 2.能用多种工具、材料制作风筝，用绘画表现期盼的事物。 3.喜欢制作风筝的过程，体验制作与放飞风筝的乐趣。	

中、大班是时间轴纵向上的连接，课程设计上不应是"春分到，蛋儿俏"的简单重复，而应是由"简单有乐趣"到"丰富有意义"的一个连续却不单调的过程。虽然每次的活动都以领域为载体，但绝不是机械地讲解与教学，应注重幼儿认知发展的同时兼顾技能与情感的发展符合时代发展的需求。

2. 以活动类型目标划分

幼儿园的活动通常可以划分为教学活动、生活活动和游戏活动，活动的类型特征不同，相应的课程目标也有所区别。首先，教学活动更加强调课程目标设置的逻辑性与连贯性，注重幼儿的一般性发展。同时课程目标注重幼儿的自我探索与知识建构，将幼儿对自我、自然、社会的认识统整起来，形成一个相互联系的知识网络，注重目标的系统性与整合性，关注幼儿的特殊性与个性发展。其次，游戏活动在节气传统文化园本课程中作为教学活动的有力补充，更加注重幼儿的体验与情感感受，将节气传统文化渗透于幼儿游戏活动，在轻松互爱的氛围中获得能力的提升与情感态度的升华。最后，节气课程中的生活活动是幼儿形成自我概念、掌握自我服务技能、获得独立感与自信心，通往更高层次学习目标的基石。课程总体目标的实现不仅依赖于教育活动和游戏活动，更应该从幼儿的实际生活出发，充分利用好蕴含着丰富教育契机的生活平台。二十四节气传统文化园本课程中"节气与自我"以大班"立夏"节气为例（表5-4)，其很多目标都可以在生活活动中得以实现。

3. 以时间跨度目标划分

以时间维度划分的二十四节气园本课程目标可以从学年课程目标、学期课程目标、月课程目标、周课程目标来依次推进，在时间维度上层层推进，是一个由整体到部分、概括到具体的过程。如图5-2所示：

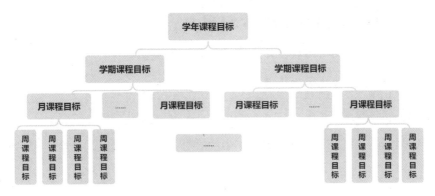

图 5-2　以时间跨划分课程目标

表 5-4　大班"立夏"不同活动类型课程目标

教学	活动名称	活动目标	设计意图
活动	立夏到	1.欣赏古诗《小池》，了解节气特点与习俗活动； 2.能分享 1-2 种立夏习俗活动及其蕴含的寓意。	1.大班幼儿具备理解不同文学作品的能力，选取贴近生活、词句优美的古诗导入，引出当前的节气，引导幼儿找出诗中提到的事物和场景，总结立夏开始的气候特征和景象； 2.大班作为节气活动的最后一年，需要系统了解节气习俗。视频播放外，教师讲解可以根据班级的情况选择详略侧重。
游戏	玩斗蛋	1.用喜欢的材料制作蛋兜； 2.喜欢玩斗蛋游戏的过程，体验节气游戏乐趣。	1.幼儿制作的蛋兜虽不能与市场买到的蛋兜相比，但自主选取材料、颜色和体验制作过程，不仅提升幼儿动手能力，也使幼儿对游戏充满期待； 2.幼儿制作好后的第一需求就是去玩，需求得到满足才可以达到情感态度上的目标设定。
活动	五色饭	1.在家长帮助下制作五色饭(立夏饭)； 2.愿意分享自己的五色饭用了哪些材料，为什么利用这些材料。	1.五色饭制作流程简单易行，适合幼儿在家体验。分享"为何利用材料"这个问题，可使幼儿在选择材料时注意食物的特点、营养、美观等问题； 2.幼儿作品要给予最大限度的利用，达成设定目标之后，分享与讲述也可提升幼儿语言表达能力和成就感。

五、二十四节气传统文化园本课程内容

（一）二十四节气传统文化园本课程开发的资源

1.二十四节气传统文化资源

（1）气候变化

气候特征：古人最早观测到一年中的春分、秋分、夏至、冬至，来判断一年当中两个昼夜平分点和冷暖季节的到来，后来逐渐发展为立春、春分、立夏、夏至、立秋、秋分、立冬、冬至这八个节气，春夏秋冬被称为四时，八个节气被称为八节。随着古人的农耕劳作，又总结出了其他节气，形成了我们现在的二十四节气。二十四个节气的名称可以分四类：第一类反映季节的更替变化，有立春、春分、立夏、夏至、立秋、秋分、立冬、冬至；第二类反映气温的变化，有小暑、大暑、处暑、小寒、大寒；第三类反映天气现象，有雨水、谷雨、白露、寒露、霜降、小雪、大雪；第四类反映物候现象，有惊蛰、清明、小满、芒种。

物候现象：我国是最早关注和应用物候的国家。古代劳动人民在长期观察积累过程中，用鸟兽草木的变化来验证时节和月令的变易，宋代王应麟在《玉海》中写道"五日为一候，三候为一气，故一岁有二十四气。"一年有七十二个候应，后来直接就用这种代表性的动物、植物来表示季节的变化。物候现象多以生活中的气候现象、植物和鸟兽来表述，在七十二物候中出现的天气现象有东风、凉风、雷电、虹霓等；植物有桃树、桐树、桑树、菊花、苦菜、腐草等；动物有鸿雁、燕子、喜鹊、野鸡、老虎、寒号鸟、蚕、豺狼、反舌鸟、布谷鸟、苍鹰、蟋蟀、螳螂、蝉等。这些都是四时更替、气候变幻的表现，也都是孩子们喜爱的自然形象。

（2）生产生活

耕种规律：农民借助节气将一年定格于耕种、施肥、灌溉、收割等农作物生长过程中，将时间与生产、生活定格于人与自然相因相应的合一状态。传统

的农业主要遵循人与自然的和谐与统一，农业的生产实践需要针对农作物的生长特点，遵循自然规律来协调作物与外界环境的关系，二十四节气恰恰以通俗易懂的形式表明了一年四季的雨量变化、气温和物候，为农民们安排农事活动提供了依据。每个节气都会有对应的农事安排，不同地区的节气安排也有所不同。如在山东节气歌中的"清明断雪种瓜豆""小雪冬菜要收光"，广西地区节气歌中的"小雪收完莫要歇，冬翻冬种仍大忙"等。

饮食文化：孔子说"不时不食"，每逢节气时令民间都有吃当季节令美食的习俗，如立春的春饼、惊蛰的梨、春分的春菜、清明的青团和螺蛳、立夏的立夏饭、小满的苦菜、夏至的凉面、小暑的绿豆汤、白露的白露茶、寒露的石榴、霜降的秋梨、立冬的姜母鸭、冬至的饺子、大寒的腊八粥等。还有人们也会根据气候的变化来调整自身的饮食，使身体能够顺应自然变化的规律，以求得利用饮食来养生的功效。如，立春护肝，宜清淡；雨水护脾胃，少吃酸；夏至宜食碱性食物等。

（3）传统习俗

民俗活动：立春节气迎春、贴字画、种迎春花；雨水节气占稻色、拉宝宝、撞拜寄；惊蛰节气祭白虎、吃梨、打小人；春分节气竖蛋、放风筝；清明节气踏青、荡秋千、插柳、扫墓；谷雨节气饮茶、祭海神、赏牡丹；立夏节气迎夏、称人；小满节气抢水、祭三车、祭蚕神；芒种节气送花神、打泥巴仗、煮青梅；夏至节气赠送折扇、粉脂和祭祖；小暑节气晒伏、食新；大暑节气游玩、送大暑船、斗蟋蟀；立秋节气晒秋；处暑迎秋赏景、放河灯；白露节气祭禹王；秋分节气祭月、送秋牛图；寒露节气登高；霜降节气赏菊、吃柿子；立冬节气迎冬、贺冬；小雪节气腌腊肉、吃糍粑；大雪节气赏雪；冬至节气祭祀；小寒节气写春联、剪窗花；大寒节气尾牙祭、祭灶。

传统美德与人文精神：我国节气传统文化中蕴含着丰富的道德理念和珍

贵的精神财富，如脚踏实地、实事求是、道法自然、天人合一的思想理念，自强不息、敬业乐群、崇德向善的传统美德，俭约自守、向上向善的人文精神，这些都启迪人们认识世界和改造世界。

（4）传统艺术

书法绘画：在中国历史上有不少文人墨客用笔墨记录下了节令物候、风俗岁时的书法与绘画作品。如，王羲之在惠风和畅的三月初三写就的《兰亭集序》、北宋张择端的《清明上河图》、南宋马远的《山径春行图》、清代焦秉贞的《耕织图》、明代文徵明《溪亭消夏图》、宋代夏圭的《雪堂客话图》等。在节气民俗中制作的图画与手工制品，如立春送春牛图、夏至互赠折扇、大寒剪窗花、写春联等。

舞蹈体育：与节气相关的体育活动包括传统的体育项目和为顺应气候变化进行的相宜的体育锻炼项目。传统的节气相关体育项目包括五禽戏、投壶游戏和打雪仗等。为顺应气候变化进行相宜的体育锻炼项目，如在立春时民间有游春和探春活动，清明踏青和放风筝，处暑人们畅游郊野，迎秋赏景，寒露登山赏红叶，冬至贺冬，小寒戏冰等。

（5）语言文学

中华诗词：在流传下来的诗词之中有大量描绘节气现象以及物候等变化规律并为之寄予情感的细腻词句。如韦应物的"微雨众卉新，一雷惊蛰始"、白居易的"春分花发后，寒食月明前"、杜牧的"清明时节雨纷纷，路上行人欲断魂"、寒山和尚的"草生芒种后，叶落立秋前"、李白的"天清白露下，始觉秋风还"，等等。这些诗词描绘的景象形象生动，使得我们通过聆听与诵读便可感受到节气中的人间冷暖、世间转换，体会风雨，帮助幼儿初步感受文学语言的美。

谚语歌谣：民间谚语和歌谣往往是自然成文、民众口头流传的通俗精辟的语句，具有一定的认知和教育作用。二十四节气的活态传承也应重视节气歌谣、谚语的当代传承与发展。

关于节气的民间谚语有的是对生产知识的指导，有的是气候常识的普及。如 "立秋早晚凉，中午汗湿裳""谷雨前后，种瓜点豆""吃了春分饭，一天长一线"等。节气的歌谣有"春雨惊天清谷天，夏满芒夏暑相连。秋处露秋寒霜降，冬雪雪冬小大寒。"东北地区的《二十四节令歌》："打春阳气转，雨水沿河边；惊蛰乌鸦叫，春分地皮干；清明忙种麦，谷雨种大田……"除了这些朗朗上口的歌谣外，还有众多欢快的节气儿歌，如"小满太阳暖烘烘，田里禾苗绿茸茸，一天蹿长一寸高，秋后粮仓满盈盈""三月雨，赛黄金，淅沥淅沥下不停，布谷鸟儿催布谷，田里忙着播种人"等这些童谣形象生动，以充满童真、童趣的语言描绘出节气中的自然现象和规律。

传说故事：二十四节气中的众多节气都有其流传下来或随着时代发展所衍生出来的民间传说故事，这些故事有的是反映气候变化、有的是与历史事件相结合、有的是与历史人物结合。如，立春的《啃春》、惊蛰的《祭白虎》、谷雨的《雨生百谷》、立夏的《乐不思蜀》、大暑的《斗蟋蟀》、立秋的《秋神蓐收》、白露的《禹王》、冬至的《医圣张仲景冬至舍药》和大雪的《寒号鸟》等传说故事。这些民间故事常常具有幻想色彩，通过夸张、拟人等表现方式塑造故事中的形象，诉说故事，传递情感。

2. 当今生活中的二十四节气

《关于实施中华优秀传统文化传承发展工程的意见》提到："加大宣传力度。综合运用各类载体，融通各方力量，创新表达方式，大力彰显中华文化魅力[①]"。

---

①中共中央办公厅，国务院办公厅. 关于实施中华优秀传统文化传承发展工程的意见［EB/OL］［2017-01-25］.http://www.gov.cn/zhengce/2017-01-25/content_5163472.htm.

二十四节气作为中国传统文化中的重要部分，在当代生产生活中有着广泛的传播与应用。"互联网＋传统文化"的传播途径，不仅为人们了解节气文化搭建了快捷的认知渠道，也为大众推广和传播节气文化提供了广阔的平台。

（1）二十四节气与媒体

《实施〈非物质文化遗产公约〉的业务指南》中提到："媒体可以有效提高人们对非物质文化遗产重要性的认识。鼓励媒体协力提高对非物质文化遗产作为促进社会和谐、可持续发展和预防冲突手段重要性的认识。"在飞速发展的新媒体时代，借助新媒体的力量来传播与发展节气文化，促进人们广泛认知节气、增强民众对节气文化的认同、提升国民的文化自信。在我国，自媒体的传播以微信、微博以及手机的应用软件等为代表，主要推送二十四节气知识体系为主的天文、历法、自然、农业、饮食养生等内容。2016 年，二十四节气列入"联合国教科文组织人类非物质文化遗产代表作名录"后，相关内容的传播更加广泛丰富。以传统媒体为代表的电台、电视台和纪录片等也出品了中国节气相关的优质节目与短片，这些途径也都在影响着人们的生活，潜移默化地将二十四节气重新带入人们的视野。

（2）二十四节气与儿童科普

随着"将传统文化的教育贯穿于国民教育始终"思想的提出，系列中华文化幼儿读物陆续推出，其中有不少关于节气的科普绘本。这些绘本大部分将二十四节气文化的传统智慧与当代生活相结合，揭示自然界与农业中科学、有趣的现象和知识，选材贴近幼儿的日常生活和年龄特点。如中信出版社出版的《哇！故宫的二十四节气》、长江少年儿童出版社的《讲给孩子的二十四节气》、民主与建设出版社的《二十四节气》、海豚出版社的《这就是二十四节气》、人民邮电出版社的《这就是二十四节气》等一系列幼儿绘本读物。除此之外，还有很多有关节气的科普音频、童谣儿歌和动画片等，如幼儿音频类节目《不一样的二十四节气》《节气类——你知道吗？》《二十四节气故事》，节气童谣《二十四节气歌》、盛龙国学儿歌《二十四节气歌》等，幼儿动画片《二十四节气的故事》等。

（二）二十四节气传统文化园本课程内容的筛选原则

1. 目的性原则

课程内容是实现课程目标的重要手段，课程内容的选择必须紧紧围绕目标、符合并体现课程目标的设定。二十四节气传统文化园本课程总体目标一方面培养幼儿尊重、平等、坚毅、开放的态度，感知人类文化的多样性和差异性，使其成为幸福和谐的人；另一方面是通过感受祖国文化的深厚底蕴以及古代劳动人民智慧的结晶，传承和发展中华优秀传统文化。所以，二十四节气传统文化园本课程的内容选择应当紧紧围绕这两个方向进行筛选，通过节气与自我、自然、社会三个维度，选择能够有效促进幼儿基本知识、基本态度和基本行为的节气传统文化课程内容以及去粗取精能够弘扬、发展传统文化的课程内容，从而保障最终筛选出的课程内容的有效性和可行性。

2. 整体性原则

幼儿身心发展的整体性特点和节气文化自身的整体性特点决定了园本课程内容筛选的整体性原则。在幼儿发展方面，《幼儿园教育指导纲要（试行）》中提出："幼儿园的教育内容是全面的"，幼儿的身心发展虽然具有顺序性与不平衡性的特点，但发展的各个方面并不是孤立进行的，身体与心理各方面的发展相互影响、相互联系，共同促进幼儿的完整发展。在节气文化的特性方面，节气文化包罗万象，是由二十四个独立的节气及其中蕴含的物候现象、传统习俗、艺术活动和节气文学等共同组成的有机整体。在课程内容筛选过程中不应局限于一个部分或几个重要节气，而是着眼于能够体现节气文化的整体性，促进幼儿在认知节气文化与自我、社会、自然的关系中得到全面和谐发展的内容。

3.适宜性原则

二十四节气传统文化园本课程内容筛选的适宜性原则主要体现在与幼儿身心发展水平相适宜、与幼儿生活经验相适宜两个方面。首先，课程内容应当与幼儿认知发展水平相适宜。课程内容应当尊重幼儿身心发展的客观规律，有效把握课程内容的难度，在幼儿已有的发展水平之上，促进他们的进一步发展。由于二十四节气园本课程是贯穿于幼儿园三年的课程，并且每个节气蕴含的内容广泛，所以每个节气可以依据幼儿的接受水平与认知能力，有侧重性地分布于每个年龄阶段，有针对性地关注到每位幼儿的差异性与独特性。其次，课程内容应当与幼儿生活经验相适宜。节气文化蕴含着丰富的内涵，节气相关内容在空间上跨越祖国南北、在时间上历经一年四季。幼儿的学习是以感性经验为主，所以选择课程内容时，在空间上，应当尽量选取幼儿所在地能够感知体验的内容与活动。在时间上，应该选择能够体现幼儿正在经历的节气中能够看得到、摸得着的现象与事物。

4.探究性原则

苏霍姆林斯基曾说："幼儿就其大性来说，是富有探索精神的探索者，是世界的发现者。"二十四节气的独特性决定了探究性原则在课程内容的筛选过程中占有非常重要的地位。二十四节气传统文化园本课程内容筛选的探究性原则主要体现在课程内容能够引起幼儿的兴趣、引发其探究欲望和课程内容能够为幼儿的探究活动提供支持这两个方面。

首先，课程内容能引起幼儿的兴趣。兴趣是最好的老师，通过选择贴近幼儿生活且生动有趣的课程内容，来激发幼儿的好奇心，引导幼儿发现、验证和解决问题。其次，课程内容要能够为幼儿的探究性活动提供支持。课程内容应当选择幼儿能够直接感知和体验的内容，并且支持幼儿运用观察、比较、调查、记录等适宜的方法去探究和解决问题，培养幼儿初步的探究能力。

（三）二十四节气传统文化园本课程的内容体系

1. 节气与自我：幼儿对自我的认识

节气与自我的维度注重节气传统文化园本课程内容中的那些能够培养幼儿正确认识自己的身体、了解自己的兴趣爱好、正确看待优点与不足，能够体察与调节自身的情绪情感，拥有保护自己、提升自我意识与能力等方面的课程内容。

（1）幼儿对身体的认知与自我认知的内容

①认识自己身体及生理特征，知道身体状态与良好生活习惯、气候自然变化的关系；

②体察自身的心理活动，知道自己的兴趣、爱好、需求和愿望，能形成对自己的看法，建立积极的自我概念；

③知道自己的兴趣与爱好，用自己喜欢的形式进行艺术表现活动。

（2）幼儿体验自身情绪情感的内容

①意识到自身是独特的个体，能欣赏自己，客观认识自己，树立自信心；

②了解体察和调节情绪的方式方法，能够清楚、大胆地表达自己的想法和感受；

③体验自由表达与创造的快乐，大胆表达自己的情感体验，提升自身表现的技能和能力。

（3）幼儿形成自我保护的意识与提升自身能力的内容

①知道必要的气候常识，能够敏感体察环境气候的变化对自身穿衣、饮食、活动等做出调整，提升自我保护的意识和能力；

②参加丰富多彩的传统习俗与民俗活动，开展户外游戏与体育活动，培养积极参与体育活动的兴趣与习惯，增强体质；

③描述、说明简单事物和事情的发展过程，提升语言表达与思维能力。

2.节气与自然：幼儿对客观世界的认识

节气与自然的维度注重二十四节气课程内容中的那些幼儿能够了解的自然现象、规律和自然界客观事物，幼儿认识人与自然相互联系、相互依存的关系，增进人与自然界的情感和态度，并且能够激发幼儿探究欲望、提升探究能力和创新能力等方面的内容。

（1）对自然现象、规律和自然界客观事物的认识

①认识节气的内容。知道"二十四节气"是人类非物质文化遗产，了解每个节气的含义、特点、物候特征以及气候变化等；

②认识常见的动植物的内容。关注身边的动物、植物，了解物候中涉及的动物与植物以及动植物的多样性；

③了解季节变化的周期性以及各种自然现象、四时变化顺序与规律的内容。

（2）对人与自然关系的认识

①发现自然界与生活中事物的联系与关系，理解节气规律、季节变化对自然界以及人们的生产生活产生的影响、天气变化对自己的生活与活动产生的影响等；

②认识常用科技产品、现代技术对自然界与人类的关系以及科技产品的利与弊；

③了解常见灾害性天气给人类生活带来的影响，以及面对一些恶劣气候与自然灾害时的应对常识。

（3）增进与自然界情感的内容

①保护自然的重要性。亲近自然，珍惜自然环境与资源，关心周围环境，爱护动植物，养成初步的环保意识和行为；

②发现和体验自然界的美感。接触周围的环境与生活中的美好事物，丰富

自身的感性经验和审美情趣，感受并喜爱生活和环境中的美；

③培养尊重自然、敬畏自然的态度。

（4）激发探究欲望、提升探究能力和创新能力的内容

①观察与分类的能力。节气中能够为幼儿提供观察、比较与分析的内容，如豆子的生长变化、月亮的周期变化等；在观察探究的基础上能为幼儿的分类概括能力练习提供契机的内容，如根据植物的生长环境给植物分类、根据外部特征给物品分类等；

②发现问题、大胆联想、假设验证的能力。能用多种感官和工具材料，动手动脑，利用多种途径和方式探究问题；

③利用科学探究方法的能力。如：利用观察记录表、观察日志、简单的调查计划等探究活动内容；

④能通过讨论、探索等方式以多种方式表现、交流和分享探究的过程与结果，培养合作意识和能力。

3. 节气与社会：幼儿对人文社会的认识

节气与社会的维度注重二十四节气课程内容中的那些与幼儿社会生活息息相关的常识与行为规范、幼儿与社会中人与事相互关系的感知、幼儿对祖国文化的认同与传统美德的体验等方面的内容。

（1）与社会生活相关的内容

①了解自己的国家、地区的人文历史，以及自己的民族文化和重要节日等；

②懂得日常生活中的基本的行为规范与社会准则。培养一定的规则意识，能够自律和尊重他人；

③扩大幼儿的生活视野，能够做好力所能及的事情，有初步的责任感，遇到困难积极尝试解决与克服，能够及时寻求帮助。

（2）体验社会关系的相关内容

①对自我与他人的认识。了解自己与长辈、同伴和生活中各行各业人的社会关系，培养尊重他人、善于合作、有好的社会交往的能力；

②主动自信地参与各种主题活动、集体活动，乐于与人交往，体验与教师和同伴共同活动的乐趣。养成对他人、社会亲近的态度，在集体中感到温暖安全、有信赖感；

③了解自己所处时代的特征，感受自身与社会的发展与自身生活学习的关系，提升社会适应能力与大局意识。

（3）感受社会情感态度的相关内容

①感受源远流长、灿烂辉煌的祖国文化，体验向上向善的中华人文精神，传承中华传统美德，激发热爱祖国的情感；

②在节气文化的精神中感受其中蕴含的和谐友善、勤劳勇敢、乐观朴素、崇德向善、敬业乐群等中华传统美德。

（四）二十四节气传统文化园本课程内容的组织方式

1.课程内容组织的原则

泰勒在《课程与教学的基本原埋》中指出组织课程内容的三条标准：连续性、顺序性和整合性。二十四节气传统文化园本课程内容的组织在这三条标准的基础上，结合节气园本课程的特点与幼儿的发展特点，总结为以下组织原则。

（1）连续性与顺序性

课程内容组织的连续性是指在课程内容的组织过程中，课程内容中的诸多要素的安排在时间序列上不能有明显的中断，应当能够在幼儿学习的各个阶段中反复被提及以巩固和扩大某一课程的内容。顺序性体现于幼儿学习的内容应当是由浅入深、由易到难，符合幼儿认知规律的顺序来进行的。新的课程内容既要以幼儿的已有经验和知识要素为基础，又要为今后的课程内容留有空间，使得课程内容能够随着学习的加深环环相扣，从而使得课程内容得以科学有效地组织。

（2）统整性与探究性

课程内容组织的统整性强调课程内容的横向联系，强调打破学科间的界限，打破传统的知识体系，找到课程内容之间的内在联系，并将这些内容整合为一个有机的课程整体。课程内容的统整化将两种或者两种以上的学习内容相组合，强调在课程内容的组织过程中将幼儿的知、情、意、行相连接，能够促进幼儿更好地将所学习的经验与内容融会贯通，对于节气知识与传统文化有整体性的认知与体验，并促进他们和谐、全面地发展。统整性的课程内容组织原则也符合陈鹤琴提出的"整个教学法"的思想。

课程内容组织的探究性是指课程内容能够为幼儿的探究活动提供支持。课程内容应选择幼儿能够直接感知和体验的事物，并且能支持幼儿运用观察、比较、调查、记录等适宜的方法去探究和解决问题，培养幼儿初步的探究能力。

（3）生活性与游戏性

课程内容组织的生活性是指课程内容的筛选与组织应当来源于生活、扎根于生活、服务于生活，在幼儿与现实生活的连接之中认识和理解世界。课程内容组织的游戏性是指课程内容以幼儿喜爱的游戏化的形式来开展教育活动，教师对各类游戏加以组织与指导，以实现游戏的教育功能，帮助幼儿在充满童真童趣的组织形式中理解自我、自然与对社会的关系。

（4）继承性与发展性

节气传统文化有其完整而丰富的文化体系，教师引导幼儿对节气文化中有益经验的学习，体现出对我国优秀传统文化的继承性。幼儿园根据自身特点与需求进行二十四节气传统文化园本课程开发体现了对我国优秀传统文化的发展与创新。课程内容组织过程中的继承性体现在教师甄选节气文化中有益于幼儿发展的经验进行共同的学习，引导幼儿了解节气的历史渊源与蕴含的意义、体验祖国文化的博大精深与源远流长、增强幼儿的文化自信与民族自豪感。课程内容组织过程中的发展性体现在教师引导幼儿理解体验的基础上，发挥幼儿的主体性，结合时代发展的要求，对传统的节气文化进行创新，延展文化传播的途径、扩宽学习的方式，增强节气文化内容的探究性与趣味性，发挥教师与幼儿的智慧，以继承为起点，以发扬与创新为指向，为实现中华民族文化的可持续发展贡献点滴力量。

2.课程内容的组织方式

（1）学科课程：以五大领域为中心的组织方式

学科课程一般以学科内容为组织的中心，这种组织形式包括了单一科目形式、相关课程形式、融合课程形式和广域课程形式。幼儿园中主要是以健康、社会、语言、科学、艺术这五个领域为基础。二十四节气传统文化园本课程内容以五大领域为中心的组织形式集中体现在幼儿园的集体教学活动中。如，小寒节气针对各个领域开展不同的教育活动，科学领域的"了解小寒"、语言领域的"小寒诗歌《山中雪后》"、艺术领域的"蜡梅图"、社会领域的"一

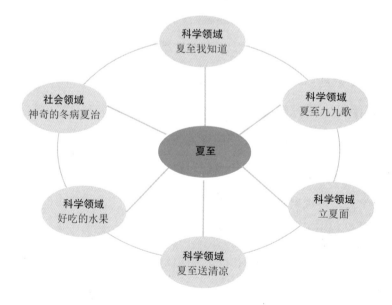

图5-3　以五大领域为中心的组织方式

起来过腊八节"、健康领域的"雪地游戏"等。在夏至节气开展科学活动"夏
至我知道"、语言活动"夏至诗词、夏九九歌"、艺术活动"立夏面"、社会
活动"神奇的冬病夏治"、健康活动"好吃的水果"等。如图5-3所示。

（2）活动课程：以兴趣与需要为中心的组织方式

活动课程一般以幼儿的需要与兴趣为中心，重视活动对幼儿思维训练的重
要性，强调教师的任务就是为幼儿提供学习与探究的机会，使幼儿通过对已经
学习的实例加以运用或补充所学内容的相关活动，自发地去发现和掌握知识。
这类组织方式强调学习者应全面发展并具有改善生活的能力，课程的内容与素
材是由学习者在具体的情境中合作，强调学习情境的变化与学习成果的多样化。
教师的角色为顾问及引导者，教学方法多采用以学生为中心的问题解决方式。
在二十四节气传统文化园本课程内容的组织当中，要求教师从对教材的依附中
解放、幼儿从对教师的依赖中解放。探究取向的活动课程是以幼儿的需要与兴
趣为基础，由教师与幼儿共同建构和生成的。例如，在大雪后的一天，幼儿发现
小区和幼儿园外面的草地上都是白茫茫的一片，大二班的幼儿对"这是雪还是
霜？"展开了讨论，教师根据幼儿的兴趣，展开"是雪还是霜"的主题探究活动，如
图5-4所示：

图 5-4　以兴趣与需要为中心的组织方式

（3）核心课程：以能力与素养为中心的组织方式

核心课程以社会的需要与社会问题为组织中心，关注学科内容、幼儿需要以及社会问题三者的均衡与结合，核心课程一般具有打破学术和学科界限、协助青少年的成长和解决他们个人面对的困难、协助青少年适应社会的需要并且鼓励他们面对和解决社会的问题与困难这三个特征。核心课程在教学过程中强调学生的共同知识、概念、智力技能、价值以及道德问题，关注通过利用和解决生活和社会问题，促进学生需要、素养与能力的提升。在二十四节气传统文化园本课程内容的组织中，以幼儿能力与素养为中心的组织方式关注那些未来公民所共同需要的知识、技能和素养，如责任感、创新的能力和探究能力等。

如图 5-5 所示，节气园本课程以幼儿社会领域的核心经验"热爱自己的国家"为中心内容，对节气文化与当代生活中的相关课程内容加以统整，开展系列的活动。

图 5-5　以能力与素养为核心的组织方式

六、二十四节气传统文化园本课程实施

（一）课程实施的安排

我国规定一般地区的地方课程和校本课程所占比例为 10%—12%。幼儿园的课程遵循这一普遍规定，但又有其特殊性，幼儿园的国家课程一般以《3—6 岁儿童学习与发展指南》与《幼儿园教育指导纲要》为依据，在园所内以五大领域的相关学科课程为基础，但一些园所的园本课程大多依然以五大领域为依据和基础，所以园本课程比例也会根据园所自身的条件与园本课程的特点有所调整。参考《甘肃省学前教育保教管理指导意见》中课程管理的第六条"提倡有条件的幼儿园积极开发特色化、个性化的园本课程。园本课程所占比例定为 10%—15%。按照幼儿园每周教学活动小班适宜开展 5—8 次，中班适宜开展 8—10 次，大班适宜开展 10—15 次。依据上述园本课程所占全部幼儿园课程比例，则二十四节气传统文化园本课程中的集体教学活动每周小班适宜开展 1 次，中班事宜开展 1—2 次，大班事宜开展 2—3 次[①]。结合课程的特点与幼儿的学习特点，节气当日是开展二十四节气传统文化园本课程的最佳契机，除节气当天外，建议将小班的园本课程安排在周五进行，方便以活动延伸的形式进行特色亲子活动，丰富活动形式；建议中班将园本课程安排在周二和周四，既保证活动之间的有效联系，又为活动材料的准备提供时间与精力保障；建议大班将园本课程的时间以隔天形式进行，可以为幼儿有效地探究活动提供经验与时间保障。

（二）课程的参与者及其角色

1. 幼儿教师

幼儿教师的儿童观、教育观、生命体验、职业与专业的认同、角色定位

---

① 宋生涛.甘南藏区多元文化园本课程开发的个案研究 [D].兰州:西北师范大学,2016:153.

以及实践反思都对课程实施有所影响。在传统节气教育活动园本课程的开发与建构中，幼儿教师既是课程的参与者，又是课程的实施者。因此，教师必须对园本课程的价值与内涵、传统节气传统文化园本课程的实施及活动过程反思与评价有清晰的认识。将以往"以儿童为中心"的言语表达落实于行动之中、在课程开发的过程中体验着自身作为课程开发主体的成就感，意识到反思与相互评价研讨对提升自身教学水平的重要性，这些都为节气传统文化园本课程的顺利实施提供了保障。

2. 园长及课程领导者

在园本课程的开发过程中教师是开发的主体，但园长、教研员、教学骨干等都在一定程度上影响着课程的实施。在课程的开发与实施过程中，园长虽不直接对课程的方案进行设计与实践，但他们的教育理念、清晰而长远的目标以及对政策把控、团队的建设与管理都对课程的顺利实施有十分重要的作用。

园本课程的开发和建设应该是梯队性建设，作为管理者，首先要思考"骨干教师、年轻老师"的职责和分工是什么，而且"园本课程的科学性"也是需要园所管理层把关。

3. 社会及其他外界支持者

支持者体现在家长、社区、教育管理部门以及其他社会力量的支持。家长方面的支持主要体现在理解教学工作、能够按照教师要求提供幼儿活动所需的材料、部分家长愿意走进教室并参与到课程中来等形式。社区的支持主要体现在相应节气期间会有环境创设上的支持和活动上的支持，如在某一节气到来前，提前绘制节气板报，在冬至等比较有代表性的节气到来之际会组织居民一起包饺子等活动。当地教育管理部门的支持集中体现在给园所提供政策与物质上的支持，通过科研项目机会与奖励等形式鼓励园所探索符合本地实情、适合园所定位、促进幼儿全面发展的特色课程。其他社会力量的支持体现在研究团队定期性的跟踪指导与合作、协助教师的课程实践和解决相应问题，另外在网络环境当中大力弘扬传统文化的氛围以及专家学者对节气传统文化相关知识的普及与传播等也是社会支持力量的体现。

（三）环境因素

1. 物质环境

园所的物质环境包括园所及幼儿班级中的物质器材、空间布置、环境创设和材料运用等各个方面。幼儿园的物质环境是幼儿在园期间都能够看得到、摸得着的各种器械材料，营造一个符合园所教育理念、契合课程发展目标的环境，这有利于丰富幼儿的直接经验，提高环境利用率，为课程的实施提供适宜的环境与场所，从而促进课程的实施。二十四节气传统文化园本课程开发的过程中，个案幼儿园根据其地方特色与课程理念，在幼儿园的院落当中种植苹果树，开辟植物角，为幼儿观察植物的生长与体会气候的变化提供了素材与依据。并且幼儿园在公共区域开设了"二十四节气墙"，将教师绘制的节气图画与相关诗词展示在节气墙上，供幼儿熟悉了解节气。

2. 精神环境

园所的精神环境主要包括幼儿园内的人际关系、文化习俗、精神氛围和行为准则等各个方面。幼儿园的精神环境对幼儿的认知、情感以及社会性的发展都有着非常重要的影响。二十四节气传统文化园本课程建设过程中注重幼儿园中精神环境的创设，注重幼儿在活动中学习、在游戏中探索，注重直接经验与间接经验的积累，将大自然、大社会"搬"入幼儿园，让幼儿能够经常与其接触，丰富幼儿的直接经验，使幼儿增长见识、丰富情感、扩充能力。同时也注重幼儿园和谐融洽的人际关系的创设，二十四节气传统文化园本课程中强调多元参与和评价主体的多元化，让教师、幼儿、家长等积极参与到课程的实施与评价过程中，有利于形成包容理解、多元开放、温馨互助的精神氛围。

（四）二十四节气传统文化园本课程组织的途径

1. 教学活动

（1）教学方法的运用

教学方法是为实现特定的课程与教学目标，被一定内容所制约，由教师与幼儿共同参与和遵循的教与学的操作步骤，是教师借以进行全面发展教育所采用的程序。节气传统文化园本课程中的教学方法，注重幼儿直接感知与操作、激发幼儿探究兴趣、引导幼儿思考与表达，利用多种方法促进幼儿顺利地学习，确保教学目标的有效达成。

体验操作：体验操作法是指在教学过程中，教师通过提供给幼儿一些与教学内容相关的材料或情境，通过幼儿的直接体验和操作来辅助他们进行理解学习的内容。教师根据幼儿直观形象思维占主体的特点，通过创设一些特别的情景来引导幼儿进行情感体验、发现问题、解决问题，通过提供一些操作材料来辅助幼儿通过摆弄、操作的方式进行感知和学习。在幼儿园实际的教学活动中，情境体验与感知操作往往共同存在。

演示示范：演示是指教师通过向幼儿展示实物、图像或教具以引导幼儿观察了解事物特征或发展变化规律，从而获得对某一事物特征或事物变化发展过程的感性认识。示范是指教师通过自己、幼儿的语言动作或适宜的图像、视频等展现所要说明的过程或提供模仿的对象。结合幼儿表象思维的认知特点与信息化时代的时代特征，以及城市幼儿对许多节气中的自然现象无法进行直接感知和观察的现实背景，演示示范法在节气传统文化园本课程的实施过程中有着非常重要的意义。

探究发现：探究发现法是指在教学过程中引导和支持幼儿通过感知、操作与探索，发现事物的属性、特点和事物之间的相互关系并尝试解决问题的教学方法，在这个过程中教师引导幼儿体验并练习观察、推论、实验、沟通、记录、查资料、访谈、测量等探究的能力。引导幼儿主动探究、发现学习的方法，注重幼儿主动学习，鼓励幼儿发现问题、寻找问题原因、解决问题、总结规律并尝试创新发展，可以有效克服幼儿缺乏知识迁移能力的现象，帮助幼儿真正成为终身学习者。

讲解谈论：讲解谈论指在教学过程中师幼、幼幼之间通过讲解、谈话和讨论等方式进行教学活动。讲解是指教师为幼儿提供必要的认知信息，通过解释、提问、点拨等方式帮助幼儿获得认知经验的过程。谈话、讨论是指教师与幼儿或幼儿与同伴通过互动、交流引发思考获得知识的方式。在此过程中教师主导逐渐减弱，幼儿主动性不断增强。对话与讨论的过程锻炼幼儿语言表达能力、开阔幼儿视野、活跃并发展幼儿思维。

（2）教学组织的形式

幼儿园的教学组织形式主要包括集体活动、小组活动和个体活动。集体活动是幼儿园教学的基本组织形式，是一种有目的、有计划的由教师对全体幼儿施加影响的教育活动。根据二十四节气传统文化园本课程"顺应儿童的天性，获得全面主动的发展"和"亲近自然和社会，充分利用两种活教材"的课程理念，二十四节气传统文化园本课程的集体教学组织形式以整合性的领域教育活动、探究性的主题教学活动和自主性的区域活动为主要的组织方式。

整合性的领域教学活动：整合性的教学活动属于结构化程度相对较高的教学活动，一般由幼儿教师决定教学内容，活动目标一般瞄准两个或两个以上领域的关键性概念，活动内容能够做到两个或两个以上领域"你中有我，我中有你"的状态，活动实施的过程偏向于课程实施中的"忠实取向"。在二十四节气传统文化园本课程中，整合性的领域教育活动适合针对那些较为基础的知识、技能和生活常识等内容来开展相应活动，为探究性的和自主性的活动奠定认知与能力发展的基础。

案例1：中班《春分活动》设计

活动名称：春分到，麦儿笑

涉及领域：艺术、科学

活动目标：

认知：知道春分节气的含义、物候特征，了解"送春牛"的传统节气习俗。

技能：专心观看并欣赏民间艺术作品，用绘画表现自己想象的"送春"事物。

情感：愿意与同伴分享自己的祝福，感受赠予祝福和收获祝福的喜悦。

活动准备：

经验准备：幼儿知道春分是二十四节气之一，了解中班以来经历过节气的物候特征，有过小班活动"春分竖蛋"的活动经验。

教具准备：国学儿歌《春分》、春牛图图片、物候图片、物候特征讲解视频等。

活动过程：

1.歌曲《春分》导入：播放二十四节气歌中的《春分》，引导幼儿回想歌曲中提到了哪些事物，并引出当前的节气"春分"。

2.讲解"春分"物候特征：观看春分节气视频，结合图片讲解春分物候特征。

一候，玄鸟至：玄鸟就是小燕子，春分前后，北方天气逐渐变得暖和起来，燕子们在南方过完冬天，又飞回了北方。仔细观察，我们会发现屋檐下的燕巢里又开始有了声音，充满生机。

二候，雷乃发生；三候，始电：如果说惊蛰的巨大雷声惊醒了蛰藏的小虫虫们，那春分时节可就更厉害了，下雨的时候雷声仅仅跟着闪电而来，大雨倾盆而下，老话说"三月的天，小孩儿的脸，说变就变。"

虽有雷雨闪电，但是天气转暖，院子里的木兰花儿开了花，有白的、粉的真漂亮！

华北地区的冬小麦开始返青，绿油油的一片，俗话说"春分麦起身，一刻值千金"，田里的农民伯伯们要忙碌喽！

3.欣赏《春牛图》了解"送春牛"的寓意：带幼儿共同欣赏"送春牛"的传统民间剪纸、绘画等艺术品，并说明其寓意。

送春牛是在春分这一天的传统习俗之一，人们挨家挨户赠送自己制作或购买的印有农民和耕牛图案的《春牛图》，互相祝福一年的吉祥丰收，期盼五谷丰登。

4.绘制自己的"送春图"：春分这一天，古人们相互赠送《春牛图》寄托美好生活的向往和祝福。祝福可以有很多种，春牛寓意丰收、花朵寓意生机、太阳象征光明……我们也可以将自己的祝福画下来，送给我们想要祝福的人们。

活动延伸：

1.向家长分享自己的"送春图"并说明寓意；

2.查一查春分节气还有什么好玩的习俗。

探究性的主题教学活动：幼儿园的主题教学活动是根据幼儿较为广泛的专题学习经验所发起的活动，结构化程度低于领域教学活动，强调师生的共同建构，不完全以幼儿为中心，具有一定的计划性与目的性，也不完全以教师为中心，活动可以由幼儿的经验发起，关注幼儿的状态，是在教学过程中师生互动关系较为理想的状态。二十四节气传统文化园本课程中强调的探究性主题教学活动主要是指在教师与幼儿共同决定的与生活有关的情境中，运用观察、推论、记录、实验、沟通等探究能力与语言工具去探究，从而发现问题的答案或者解决相关问题的过程，幼儿在这个过程中能够运用和发展主题相关的能力与知识。二十四节气传统文化园本课程中的主题活动可以是教师根据幼儿的需要和教学的需要先设计并加以实施的活动，这类活动比较适合新手教师或以往较少组织主题活动的教师。如，春季的六个节气中大多涉及耕种的内容，教师就预先设计了操作性强、贴近生活、具有探究性质的"我们是农民，一起来播种"的主题活动；幼儿园所在城市成为垃圾分类重点城市之后开展的"环保小创客"主题活动。二十四节气传统文化园本课程中的主题活动还可以是顺应幼儿的兴趣与需要在幼儿园中实际生成的主题活动。如，在季节交替之际，从幼儿喜爱的角色游戏中生成的"为什么咳嗽"主题活动；在夏季幼儿喜欢玩水，生成的"好玩的水"主题活动。

案例 2：主题活动《一起来播种》

活动背景：谷雨是春季的最后一个节气，在每年公历大约为 4 月 19 至 21 日期间。谷雨的意思是雨水增多，利于谷类农作物的生长。谷雨时节到处是植物生长、小鸟唱歌、百花开放生机勃勃的大好景象，也正是春播、春种的好时节。小朋友对种子的相关话题十分感兴趣，教师抓住教育契机开展系列活动。小朋友们在老师的指导下，亲自选址、选种、播种。整个过程培养了他们的责任心，保护和观察种子的过程会提升他们的责任心、观察力和成就感，活动期间幼儿每天带着期待来幼儿园。

活动名称：我们是农民，一起播种

活动目标：

1.了解为什么谷雨时节适合种瓜种豆，并讲解种子生长发育的必要条件。

2.能专心观察记录种子生长发育的过程，了解播种的条件和技能。

3.愿意进行劳动活动，享受亲自播种的过程，体验与同伴一起劳动的喜悦与自豪感。

4.体会劳动的喜悦，懂得劳动最光荣、劳动最崇高、劳动最伟大。

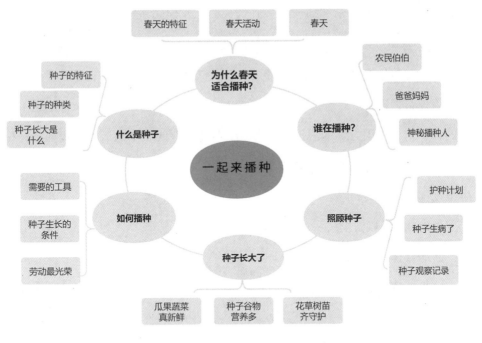

图 5-6 "一起来播种"主题网络图

自主性的区域活动：区域活动是较为低结构化、综合化的幼儿园教育活动的形式，这类教育活动以幼儿的兴趣与需要为主导，以自身的已有经验为基础，主要成分是幼儿的游戏。幼儿园中的每一个活动室都会被划分为若干不同的活动区域，幼儿在活动区角中通过自主选择区域和活动形式，与区域内的同伴的积极互动。区域活动符合儿童本位，是强调活动过程本身，注重幼儿个体化的学习、游戏和小组合作性的学习与探究活动。幼儿园中的区域一般以材料来进行划分，二十四节气的众多课程资源也可融入不同的区域（表 5-5），使幼儿在与多元丰富的环境交互作用的过程中，以自主生成的方式进行活动，充分发挥幼儿的想象力、探究能力与创造性。如在阅读区，教师投放即将到来的春分节气的相关绘本，使幼儿通过自主阅读提前了解春分的相关物候现象、节气民俗等；在建构区，秋天之际，幼儿搭建"秋天的公园"，并将红色、黄色、绿色等纱巾作为落叶，或用落叶等进行装饰；在美工区，幼儿利用在院子里捡到的落叶来制作树叶粘贴画；在生活区，结合近期学习过的"切"的动作和要领，幼儿将黄瓜切片，并分享给其他幼儿一起品尝；在娃娃家区角，幼儿扮演医生与病人的角色游戏，"医生"将"最近天气变凉，应该多穿衣服、多运动"的建议说给"病人"；在科学区，通过观察和记录来验证"浇水的种子比不浇水的种子生长得更好"的假设，等等。幼儿在这些区域中的活动一般都十分投入和主动，通过观察他们区角活动中的言语和行为，可以发现他们积极有效的思维过程。

案例3：区域活动《一起来播种》

活动背景：谷雨是春季的最后一个节气，在谷雨节气期间，中二班开展了"我们是农民，一起来播种"的主题探究活动。本次主题活动围绕节气特征与种子生长开展多种活动，教师为保障相关活动的顺利进行与实施效果，提前将活动室中的各个区域进行相应的调整与完善，并制定了区域指导建议，为幼儿的主题探究活动提供材料空间与环境氛围的保障。

活动名称：一起来播种

活动目标：

1.通过自主阅读绘本，了解种子生长发育的条件、规律与特点，并分享自己的想法。

2.通过自主探究和对比试验，能发现种子生长受不同事物的影响；能提出影响种子成长的因素的假设，依据假设利用不同方式对假设进行验证，对相关结果进行记录。

3.喜欢利用不同的方式对豆子进行创意手工；发现不同豆子的不同特征，并加以利用，创造豆子的不同玩法、用法和吃法。

表 5-5 区域活动计划表

区域	材料投放	指导建议
扮演区	花果蔬菜、玩具、厨房玩具材料等	1. 随主题活动进展补充相应材料； 2. 可提供拟人化的植物形象材料。
阅读区	节气相关绘本：《哇！故宫的二十四节气》《这就是二十四节气》《最美的四季科普》 植物相关绘本：《如果你有一颗种子》《胡萝卜种子》《神奇的种子店》《十粒种子》等	1. 绘本保持每周更新，绘本种类尽量多种多样，与活动主题总体相关； 2. 对幼儿翻阅较多、较感兴趣的绘本，可开展具有延伸性的具体活动。
科学区	浇水 VS 不浇水、有阳光 VS 没有阳关 施肥 VS 不施肥、干沙土 VS 肥沃土壤	1. 提供多种可供参考的假设条件或引导图片，以及可供验证假设的材料； 2. 提醒提出假设的幼儿及时跟进观察记录，并负责分享假设验证结果。
美工区	豆子粘贴画相关材料、实物图片	鼓励家长将家中不常用或不新鲜的豆子带到幼儿园，避免浪费，并确保原材料的多样性。
生活区	各类种子培养器皿、观察记录本	安排值日表幼儿按时浇水并做好记录。

2. 游戏活动

游戏可以是课程的内容、也可以是课程实施的背景，还可以是课程实施的途径，在幼儿园中，不存在与课程无关的游戏活动。幼儿园中的游戏活动是根据幼儿内在需要，具有自主性和自发性的活动，是实施幼儿园课程的重要途径，游戏不仅仅反映幼儿的身心发展水平，同时也在促进着幼儿的身心发展。依据游戏在教育中的作用，一般将幼儿园的游戏活动分为创造性游戏（角色游戏、结构游戏、表演游戏）和规则性游戏（体育游戏、智力游戏、语言游戏、音乐游戏）。创造性游戏强调幼儿的主动性与创造性，体现着游戏的自然属性；

规则性游戏往往为实现一定的教育目的，大部分由教师组织幼儿进行，体现着游戏的教育属性。两者相辅相成，教师对各类游戏加以组织与指导，以实现游戏的教育功能，从而实现幼儿园课程、教学和游戏的有机整合。二十四节气传统文化园本课程将节气传统文化渗透于幼儿的游戏活动，如利用"节气美食屋"开展的角色游戏；利用"雪地是小动物的画布"开展的表演游戏；幼儿在"收获的秋天"活动后搭建"秋天的公园"而开展的结构游戏；在春分制作好风筝后一起放风筝、春游、民间活动五禽戏等体育游戏；"保护家园：一起来给垃圾分分类"中的分类游戏；"我把节气唱出来"中利用节气特点进行童谣创编和打击乐演奏的音乐游戏等。

案例4：游戏活动《秋天的公园》

活动简介：霜降之后，气温骤降，最近几天幼儿园里和大街上的落叶很多，幼儿园外面的银杏树也很漂亮，孩子们喜欢捡起来当作小扇子。由于前几日还比较热，这迟来的秋意让孩子们很兴奋，老师往建构区新投放了黄色、红色的纱巾。

观察时间：2019年11月6日

观察地点：中三班活动室建构区

主要对象：幼儿A、B以及教师

观察主题：秋天的叶子

活动过程：在建构区幼儿A和幼儿B分别在搭积木，随着积木范围的扩大，幼儿B的搭建范围向幼儿A那边延伸。

幼儿A：哎呀，这边的是我的！

幼儿B：我这边太小了！我做一个"秋天的公园"，公园都很大。

幼儿A：那我的怎么办？我在做滑梯，我们家楼下新安装了一个滑梯，我爸爸昨天带我去玩的。

幼儿 B：公园里也有滑梯，你把滑梯按在我这个公园里吧。

幼儿 A：好吧，我也建公园，我去过 XX 公园。

两个小朋友决定一起建"秋天的公园"，幼儿 A 做好滑梯后，和幼儿 B 一起找长方体的积木做"大树"。最后幼儿 B 把建构区老师提前投放的黄色纱巾铺在了地上。

老师：这是什么？

幼儿 B：这是落在地上的叶子。

老师：秋天只有黄色的叶子吗？

幼儿 B：我妈妈说秋天叶子就变黄了就掉下来了。

幼儿 A：我看见过红色的树叶，我妈妈手机上（屏保）就是红色的叶子（树叶）！

幼儿 B：（沉默一会）那就把红色的放在树上，我妈妈说树叶变黄了就掉下来了。

幼儿 B 和 A 把红色的纱巾放到了"秋天的公园"的树上和屋顶上。

老师在当天离园之前给班里幼儿布置了去找一找秋天落在地上的叶子，并把它们带到幼儿园里来进行展示分享的任务。

观察分析：在游戏活动中，幼儿 B 虽然与幼儿 A 在落叶的颜色上有不同的见解，但这种相互交流的活动恰恰是幼儿采用社会立场和合作解决问题的开始，幼儿 B 最终还是有所让步地接受了同伴 A 不一致的却是他应当修正的意见；在这次游戏活动中，教师也同样看到了教育的契机，即幼儿对秋天叶子颜色认识上的片面性进行适当的引导，并鼓励幼儿观察寻找周围不同颜色的落叶，丰富幼儿的直接经验。

3. 生活活动：

园本课程的实施不仅依赖于教育活动和游戏活动，更应该从幼儿实际生活出发，充分利用好蕴含丰富教育契机的生活平台。幼儿园中的生活活动主要是指幼儿在园期间的衣、食、住、行等方面的活动，这些活动往往是幼儿形成自我概念、掌握自我服务的技能、获得独立感与自信心，通往更高层次学习目标的基石。二十四节气传统文化园本课程中"节气与自我"部分的很多目标都可以在生活活动中得以实现。如，将节气提醒与每日晨圈活动中的"我是小小播报员"相结合，幼儿将节气、天气、穿衣提醒、活动指南等传达给同伴；将节气中的传统饮食与园所的两餐两点相结合，根据时令提供新鲜水果、民俗糕点以及安排节气当天的特色饮食；将节气中有代表性的特色活动、民俗礼仪安排在入园和离园过程中等。

案例5：生活活动《小小播报员》

活动简介：小小播报员的环节是大二班的常规活动环节，利用每天早晨幼儿入园后的时间，每位轮值幼儿对日期、星期、天气、温馨提示等做简单的介绍。

观察时间：2019年9月23日

观察地点：大二班活动室

主要对象：幼儿C、教师

观察主题：晨圈播报

活动过程：老师：今天的小小播报员是CC，CC特别用心，她和妈妈一起制作了一份今天的气象图，我们一起来听听CC的播报吧。

幼儿C：大家好，我是今天的小小播报员。今天是2019年9月23日，星期一，温度是10—28摄氏度。今天是传统节气秋分，秋分的时候白天和晚上是一样长的，人们会吃菠菜，吃元宵，放风筝，还会玩立鸡蛋（小朋友们窃窃私语）。温馨提示，秋天开始变冷了，小朋友们要多穿衣服，多运动。 以上就是我的今日播报。

老师：CC，你的分享特别好，你能告诉大家画这个牛是想告诉我们什么吗？

幼儿 C：这个牛是……是画在纸上送给别人的。

老师：我明白了，就像我们之前春分节气时，大家一起画春牛送给其他人，来表达我们的祝福一样。对吗？（幼儿 C 点头）。谢谢 CC，你今天讲得很好，让我们知道了今天是一个重要的节气——秋分，以及这个节气的一些小知识。我们一起为 CC 鼓掌！

观察分析：此活动将幼儿园重要的生活环节与每日的气象相结合，以气象播报员的形式开展活动，能够激发幼儿的责任感与积极性，幼儿 C 通过前期与家长深入的准备（教师反馈幼儿 C 家长是当地小学的美术老师，海报是自愿准备的）丰富和扩宽了本活动的内容，教师借助此机会，在当天开展了"送秋牛"的活动。

4.亲子活动

家庭是幼儿园教育的重要资源，亲子活动也是幼儿园课程实施的重要途径。在影响课程实施的因素中，家长的支持一直是有效实施课程的重要支柱之一，教师或幼儿园若能够让家长"看得见"幼儿在园本课程中的学习成果与成长，就可以更多地获得家长的理解与支持。在幼儿园中，让家长参与进二十四节气园本课程中来并且开发出一些适合幼儿与家长一起参与完成的亲子活动，能够在参与的过程中看到孩子的学习状态、了解课程的教育理念。家长参与课程的方式有两种，一种是直接邀请家长进入园所参与主题活动，如在"舌尖上的节气"系列活动中开展"节气美食节"，利用离园时间，在幼儿园的活动场所摆好桌椅，家长与幼儿将提前准备好的节气中的代表食物与果蔬带到现场来交流品尝。另外一种参与方式就是"课程延伸到家"，这种活动形式多样，可以利用"亲子主题学习单"，依据幼儿园的主题课程需要，让幼儿将学习单带回家中与家长共同探究并记录。如，"种子发芽图画日志（幼儿通过绘画记录，家长进行简单的注记）""快递纸箱还能做什么？"和"哪里有风？"等。

教师还可以利用家园联系簿为家长简要地介绍最近开展的活动主题，以及幼儿需要何种生活经验，请家长配合以将课程延伸到家。如，在"风孩子"主题活动中，建议家长利用周末时间带孩子一起去参观科技馆或图书馆寻找答案等。还有一些节气恰逢幼儿的寒暑长假，这时候教师会将相关节气微课、绘本和节气科普公众号等发至家长群中，建议家长与幼儿共同观看并体验。

案例6：亲子活动《种子成长日记》

活动背景：在谷雨节气期间，中二班开展了"我们是农民，一起来播种"的主题探究活动，主题活动中有一个活动是"照顾种子"，在这个环节，教师布置了幼儿在家中播种一种自己喜欢且适宜生长的小种子，并进行"保护种子宝宝"的行动，在这个过程中观察、照顾种子，定期记录种子的成长状态（家长可辅助幼儿为图画配以文字记录）。

活动名称：《种子成长日记》

活动目标：

1.愿意进行劳动活动，享受亲自播种的过程，体会到劳动的喜悦。

2.能通过绘画日志的方式，捕捉和感受到植物的生长变化，提升观察的敏感性。

3.能坚持观察记录，愿意与家长和他人分享自己的观察成果。

活动成果：中二班最终共有六名幼儿的种子成功发芽并完成观察日志，教师将幼儿的图画日志汇总在一起，完成了班级绘本《种子成长日记》，并将电子扫描版推送给班级里的每位家长。

七、二十四节气传统文化园本课程评价

二十四节气传统文化园本课程评价是以课程为评价对象的价值判断，它是针对园本课程的特点与构成要素，收集相关信息，对其价值性、适宜性、有效性做出判断的过程。评价贯穿园本课程开发与实施的全过程，每个阶段的评价

都有其不同的目的与重点，为不断调整、完善、推广二十四节气传统文化园本课程提供科学的依据。

（一）课程评价的目的

1. 课程方案形成之前的评价

课程方案形成之前的评价目的主要集中于评估课程需求与规划课程方案。在二十四节气传统文化园本课程开发方案形成之前，通过文献查阅、调查问卷、访谈等途径对园本课程开发的价值、二十四节气传统文化教育现状、二十四节气传统文化园本课程的相关需求与开发的建议做出详细的分析，为后期制定课程方案的针对性与适宜性提供有效的依据。如在调查期间园长及幼儿教师提到的"科学活动容易引发幼儿的探究欲望与学习兴趣""节气相关活动应当能够让幼儿有'敬畏自然'之心"和"节气是中华民族的传统文化，可在学习之后激发幼儿的民族自豪感"等，均为课程方案的规划提供了指引。在进行需求评估后，结合普遍需求与个案幼儿园的实际情况，了解园所目前实行的"废物利用""自然教育"和"大美文化（美术）"等特色活动方案的指导思想、活动设计、资源利用等情况，最终确定将"二十四节气传统文化园本课程"作为本园课程开发的基本课程方案，并结合该园"亲近大自然，塑造大美文化"的教育理念，确定二十四节气传统文化园本课程的课程理念。

2. 课程方案实施阶段的评价

园本课程实施阶段的评价主要目的是对课程中出现的问题进行诊断以不断调整和完善园本课程。二十四节气传统文化园本课程的方案设计虽然在前期做了需求调查与分析，并根据一线教师与幼儿园的管理者提供的现实情况、基本需求和教育建议等来指导方案的设计，但由于研究者缺乏长期的幼儿园工作经历，所以目标的设计、课程资源的筛选、课程内容的组织等需要幼儿教师在课程实施过程中对课程方案反馈进行调整、修订。如，在课程方案目标中起初没有考虑到将"敬畏自然，顺应自然"列入课程的内容目标中，结合教师在目标反馈中的建议，需将其纳入目标体系之中。

3.课程方案实施后的评价

园本课程方案实施后的评价主要目的是实现对课程目标达成程度与课程效果的判定。首先，课程实施结束后，教师通过实施效果与预先设定的目标进行比照以对课程进行评价。若课程实施的效果并未达到目标标准，则可以思考原因为何，并对课程方案进行相应修正。如，目标设定没有依据本班幼儿实际发展水平、课程内容与幼儿实际生活经验不符、课程中的活动结构化程度普遍较高无法激发幼儿自主学习的兴趣等原因。若实施的效果达到了原先设定目标之外的效果，亦可思考其原因为何，并对课程方案进行相应完善。如，课程实施后幼儿家长对课程体现出了高度的支持与认可、幼儿在课程实施过程中活动积极性明显高于以往活动、教师在组织活动过程中体验较好并且完成度高等。其次，在课程方案实施结束后，对实施成效进行全方位的衡量做出判断。在幼儿成长方面，主要体现于幼儿在认知、技能、情感各方面得到多大程度的发展。在教师发展方面，教师通过参与园本课程的开发与实施，在儿童观、教育观、职业体验和专业成长等方面是否有所收获。在园所发展方面，园本课程的开发与实践是否达到园所的开发目的，是否能够有效提升园所的教育质量。

（二）课程评价的特征

1.评价主体多元

评价主体应当打破传统的教育主管部门对幼儿园进行评价、园所负责人对幼儿教师进行评价、幼儿教师对幼儿进行评价的自上而下线性的评价模式。园本课程的评价主体应当是多元的，即幼儿教师、园长、幼儿、家长和其他课程相关人员都能够参与到课程的评价之中，共同完善课程体系。二十四节气传统文化园本课程的课程评价以幼儿教师为主，让幼儿教师成为课程评价的主人，有利于调动教师参与课程建设、开发与实施的积极性，提高幼儿教师的反思能力与水平，从而提高课程实施的质量。二十四节气传统文化园本课程同样重视幼儿家长参与课程的评价，家长的积极参与和反馈一方面有利于教师更好地理解幼儿的学习效果与家长的需求，以更好地改善课程。另一方面，家长的积极参与评价有利于使家长更加全面、深入地理解幼儿园的课程理念、课程设计的目的与依据、幼儿学习的轨迹，从而支持并认同园所的课程。另外课程领域专家、教育行政部门、幼儿家长、其他社会力量都应当被鼓励参与到二十四节气传统文化园本课程的评价中来，为节气课程的发展与完善提供多元的视角与建议，从而促进二十四节气传统文化园本课程的完善与推广。

2.评价方法多样

二十四节气传统文化园本课程的评价方式将质性评价与量化评价相结合。定性的评价有利于辅助评价者了解课程实践过程中的细节与缘由，探寻教育的价值与意义；定量的评价方式有助于评价者从宏观角度把握课程整体，做到心中有数。《幼儿园教育指导纲要》中指出"评价应自然地伴随着整个教育过程进行。综合采用观察、谈话、作品分析等多种方法"。所以，在对课程实施、幼儿发展、教师成长的评价过程中，即可采用一定的评价标准对其效果做出量化的数据统计，也应当通过观察记录、教育日记和成长档案袋等文本化方式，客观真实地描述教师与幼儿的成长过程与个性发展，以更加多元的方式呈现园本课程的效果。

3.评价取向互补

二十四节气传统文化园本课程评价从多元、互补的视角出发，将科学与人文、质性与量化、预设与生成相结合。科学－实证主义评价取向以判断与决定为重心，注重"第一手"的量化数据，强调用量化的方法收集评估的材料对课程实施及成果进行测量。人本主义评价取向强调个体的主体性与差异性，关注被评价对象的行为反映与实际情景的交互作用。评估的材料应当通过观察具体情境中的人物事件、描绘真实的情境与感悟，而不是依据简单数据的分析。两种评价取向各有所长，节气传统文化园本课程的评价过程中依据评价的阶段、对象、目的不同而采用不同的评价取向，使其取长补短。

（三）课程方案的评价

二十四节气传统文化园本课程方案是用于指导园本课程实施的课程文本，是包括园本课程理念、目标、内容、组织形式以及评价方式的结构化的书面表达形式。对课程方案进行评价，有利于园长与幼儿教师在对课程文本阅读的基础上，结合自身需求对课程方案的价值做判断，最终选择科学、合理的课程方案作为园所实施园本课的基础。如表 5-7 所示。

1.课程理念的评价标准

（1）课程理念的正确性

对课程理念的评价首先涉及理念正确性的评判，正确与否的评判体现在课程理念中所反馈出的儿童观、教育观和教师观。课程评价者在对课程方案进行评价时，应以当代科学的幼儿发展观与学习观为依据。二十四节气传统文化园本课程的课程理念强调"顺应儿童的天性，获得全面主动的发展"，关注幼儿在课程与教学过程中的主体性地位，在保障幼儿身心全面发展的同时关注幼儿的特别需求，注重培养幼儿的合作与创新意识、发现与解决问题的能力，注重在活动中学习、在游戏中探索，注重直接经验与间接经验的积累，真正使幼儿在课程中得到全面、主动的发展。课程理念中"亲近自然和社会，充分利用两种活教材"指向幼儿学习的内容，注重幼儿的经验与生活，充分系统地利用与日常生活息息相关的自然与社会两种资源，将幼儿园的各领域学科相互发生关联，为幼儿的学习成长提供生动有趣的"活教材"。

（2）课程理念的清晰度

课程理念的清晰度表现在通过阅读课程理念的文本，一方面课程评价者能够清晰准确地了解课程开发者的儿童观、教育观以及课程开发者的理论基础、研究水平；另一方面课程方案的使用者能领会课程设计者的设计意图，从而更好地实施课程方案。课程理念的清晰度应既做到简洁明了，方便幼儿教师理解操作，又有一定的理论高度，提升幼儿教师的理论水平与树立科学的观念。节气传统文化园本课程的理论基础为正确处理教育与幼儿天性发展的关系，奠定了思想资源与理论基础的西方自然主义教育思想和陈鹤琴提出的"活教育"理论。课程开发遵循泰勒课程目标模式理论与人本主义学习理论。二十四节气传统文化园本课程开发以这些理论为指导思想和理论基础，并将这些理论与节气文化、幼儿园课程进行概括融合，最终呈现出二十四节气传统文化园本课程理念。

（3）课程理念的一致性

课程理念的一致性表现在课程理念与课程方案、课程实施、课程评价等过程中的方法、原则、途径和价值取向等表述的一致性，以及课程方案的显性理念与隐性理念两个层面上的一致性。在该研究提供的课程方案中，首先，二十四节气传统文化园本课程中的课程理念与个案幼儿园"亲近大自然，塑造大美文化"的教育理念相契合，注重幼儿的自然天性与"大自然"的丰富课程资源；其次，二十四节气传统文化园本课程中的课程理念指导着课程开发的全过程，课程的目标、内容、组织、实施以及方案评价中均以该课程的理念为基础；最后，无论是以文本形式呈现出来的显性的课程理念还是蕴含于课程方案、活动设计等各个方面的隐形课程理念，均能把握到以园所需求为本、顺应幼儿天性、亲近自然和社会的理念。

（4）课程理念的综合贯通

课程理念的综合贯通一方面要体现课程理念是否可以综合和引领课程中的诸多要素，另一方面体现在课程理念是否贯穿于课程始终和课程的各个方面。在很多课程方案中，课程理念往往在一套课程的前言或总论部分进行介绍，意在统领全篇，但很多后面的部分却有大量内容是与课程理念相脱离甚至相矛盾的，这种课程理念无法体现它指导实践的意义。二十四节气传统文化园本课程理念相对简洁易懂，可操作性强，指导着课程目标的制定与内容的筛选。如，课程目标的内容层面与课程内容体系均体现为节气与自我、节气与社会、节气与自然，这与课程理念中强调的顺应幼儿天性（自我）、利用社会与自然两种"活教材"理论相契合。

2. 方案结构的评价标准

为方便对二十四节气传统文化园本课程的课程方案结构进行评价，从狭义角度可对课程方案的目标、内容、评价以及宏观结构的完整性来进行评价。

（1）课程方案目标的评价

课程目标的适宜性。对课程目标适宜性的评价应当关注三个方面：第一，课程目标的设定是否建立在对教育本质的科学认知与幼儿发展规律的基础之上。课程目标的文本呈现是课程发展的指南针，指向幼儿发展的可能性，代表着课程方案所追求的最终结果。幼儿的发展只有一次，是不可逆转的，所以课程目标的设置必然是建立在科学的教育观与儿童观基础之上的。第二，课程目标的设定能通过教育实践得以实现的可能性。

课程方案中所制定的课程目标必须依据幼儿发展与教育的规律以及一线幼儿教师的实践经验，目标要求的过高与过低均无法有效体现目标的适宜性。第三，课程目标的价值性，是否为幼儿学习和生活所需要的"必要目标"。二十四节气传统文化蕴含了丰富的资源与前人的智慧，但幼儿的认知、情感和技能的获得均是以付出相应精力与时间为代价的。所以适宜的课程目标应是那些贴近幼儿生活以幼儿的兴趣需要为基础，不断获得新的发展的必要目标。

课程目标的结构性。由于课程理论基础与设计原则的不同，课程方案目标的呈现形式也各有不同。二十四节气传统文化园本课程开发依据"泰勒课程目标模式"为课程开发的基础，因此注重课程方案目标结构的完整性与层次性。课程的目标体系包含课程的总体目标、内容目标、各年龄阶段的课程目标以及以时间维度划分的目标等。完善的课程目标体系，能够有效地指导课程内容的筛选与组织、指引课程实践的方法与途径、为课程的评价提供有效的依据。

各级课程目标之间的连续性。课程方案各级目标之间应当能够凸显出层层深入、不断细化的传递关系，每一级的目标设定都反映了对上一级目标的传递与分解并为下一级的目标细化提供延展和深化的空间。除了纵向上的目标的传递关系外，横向上的综合贯通也是目标之间连续性的重要体现，目标之间相互联系、相互影响，注重幼儿认知、情感与技能的全面发展。

课程目标与课程理念的相关性。园本课程方案的目标应当是与课程理念、幼儿园的教育理念相互承接的。课程的目标能够有效反映课程理念，并以课程的理念为指导。

在二十四节气传统文化园本课程中课程理念主要体现在以园所需求为本、顺应幼儿天性、亲近自然与社会，这与"通过感知、游戏、体验的途径，引导幼儿体验自然的四时变化和季节轮回，感受祖国传统文化的深厚底蕴以及古代劳动人民智慧的结晶与现代开创新的新时代多元文化的融合，培养幼儿尊重、平等、坚毅、开放的态度，感知人类文化的多样性和差异性，使其成为幸福和谐的人。"节气传统文化园本课程中的总目标以及内容目标中节气与自我、自然、社会的目标设置都是相互呼应的。

（2）课程方案内容的评价

课程方案内容与目标的一致性。首先，课程方案内容与目标的一致性体现在课程所选择的内容应最大限度包含课程所设置的目标，以保证目标的设定不仅仅是文字的罗列，同时应当注意的是课程方案中内容的多少应当以是否有利于有效地实现目标为宜，并不是内容越多越好。其次，课程内容也有其相对的独立性，并不是机械地与课程目标一一对应，课程方案中的课程内容应当为教育实践留出开放与变通的空间，使得园本课程能够成为一个具有开放性与灵活性的系统。

课程方案内容的适宜性。课程内容的选择应当符合幼儿的需求并与其生活世界紧密联系。首先，课程内容应当尊重幼儿身心发展的客观规律，有效把握课程内容的难度，在幼儿已有的发展水平之上，促进他们进一步发展。其次，课程内容应当与幼儿生活经验相适宜。幼儿的学习是以感性经验为主，在空间上，应当尽量选取幼儿所在地能够感知和体验的内容与活动。在时间上，应该选择能够体现幼儿正在经历的节气中能够看得到、摸得着的现象与事物。

课程方案内容的平衡度。幼儿的发展是全面、协调的发展，课程方案的内容也应当是综合各领域、兼顾深度与广度的内容。在二十四节气传统文化园本课程的内容设置中，节气与自然、自我、社会的内容在内容层面涵盖幼儿发展的五大领域，在行为层面涵盖认知、情感与技能的发展，在内容层面关注幼儿与自我、自然以及社会性、全面性的发展，内容的组织充分考虑了幼儿的认知规律，倡导自主探究性的学习方式。

课程方案配套教辅材料的丰富性。丰富的课程配套材料为课程的开展提供了有效的支持与保障。二十四节气相关的教辅材料包括教师配套的活动指导用书、幼儿用书、视频及图片材料、微课、节气手工材料包和绘本等。这些材料的质量可以依据设计是否合理、内容是否符合幼儿认知特点、材料是否具有可操作性与安全性等方面来进行评价。

（3）课程方案评价的评价

第一，课程方案中是否有评价方案。对课程方案的评价是对课程方案可施行性的检视与反思，有助于确保课程实施的科学性。园本课程实施的对象是幼儿，但幼儿的发展是不可逆的，在课程方案成形后，园长、幼儿教师及课程开发相关人员应当秉持为幼儿发展负责的谨慎态度对课程方案的价值性、科学性和可行性进行评价。

表 5-7　二十四节气传统文化园本课程方案评价表[①]

评价对象	评价内容	评价摘要	得分
园本课程理念	课程理念的正确性		
	课程理念的清晰度		
	课程理念的一致性		
	课程理念的综合贯通		
园本课程方案目标	目标的结构性		
	各级目标间的连续性		
	目标的适合性		
	目标与课程理念的相关性		
园本课程方案内容	内容与课程方案目标的一致性		
	内容的适宜性		
	内容的平衡性		
	教辅材料的丰富性		
园本课程方案评价	评价方案的有无		
	评价主体的多元化		
	评价策略的科学性		

[①]虞永平.幼儿园课程评价[M].南京：江苏教育出版社,2005:58.

第二，课程方案评价主体是否多元。凡是课程开发的参与者与践行者都应当作为评价的主体，共同为课程方案进行诊脉和评判，并提出促进其发展的有效建议。节气传统文化园本课程方案的评价主体包括所有参与课程建设的相关人员。

第三，课程方案评价策略的科学性。定性的评价有利于辅助评价者了解课程实践过程中的细节与缘由，探寻教育的价值与意义，定量的评价方式有助于评价者从宏观角度把握课程整体。二十四节气传统文化园本课程的评价方式将质性的评价与量化的评价相结合，依据评价的阶段、对象、目的不同而采用不同的方式与取向。

第六章
幼儿园古诗审美教育园本课程建构与实践

一、幼儿园古诗审美教育的重要性

（一）普及审美教育的社会发展需求

2015 年 9 月，国务院办公厅印发《关于全面加强和改进学校美育工作的意见》，该意见提出应重视审美教育的育人导向作用，强调通过学校审美教育帮助学生树立正确的审美观念，提升学生的审美素养。2017 年 10 月，教育部出台《学校体育美育兼职教师管理办法》，力图解决目前学校美育教师紧缺的问题。2018 年 8 月，习近平总书记在给中央美术学院老教授的回信中更是强调教师、学校应做好美育工作，坚持立德树人，发扬中国特色的美育精神。2019 年 4 月，教育部印发的《关于切实加强新时代高等学校美育工作意见》中对新时代高校美育课程发展提出了新的要求，同时也规划出美育课程改革的新路径。中华民族有史以来都是一个重视美的民族，把欣赏美、美的事物、审美当作生活的重要部分去追求、去完善。全社会都要以社会主义核心价值观为指导，树立全面且完善的审美观念。学校教育要以培养社会主义德智体美劳全面发展的社会主义接班人为目标，努力通过正确的途径开展审美教育，不断完善每位学生的审美人格。幼儿作为社会中的成员，其身心发展具有自身的特点，他们对美的理解是模糊的、朦胧的，因此，对幼儿进行审美教育是非常重要的。教师要对幼儿进行初步的审美引导，要把美好的事物用最直观、最直接的方式进行呈现，不断培养幼儿拥有敏锐的、发现美的眼睛，真实细腻的审美情感，纯洁高尚的审美灵魂。少年强则国强，不断培养全面发展且拥有优秀人格的幼儿，可以从根本上促进社会的发展。审美教育是整个社会关心、关注的问题，而对美的品味和鉴赏，是人一生对浪漫的追求。

（二）古诗审美对幼儿发展的作用

古诗作为中华优秀传统文化的瑰宝，在中国的文学史上具有重要的地位。"古诗文经典已经融入中华民族的血液，成为我们独特的基因标志。"我们现在说的每一个字，每一个词语，都是小时候记下来的。我们每个人都应该学习古诗文，把中国传统的优秀文化传承下去，不断增强我们的文化软实力，树立文化自信，让中国文化屹立于世界文化之林。

近年来教育部也相继出台了《关于完善中国优秀传统文化教育指导方针的指导意见》等相关文件，带动并掀起了全民参与弘扬中国传统古诗词文化的热潮，出现了诵读古诗的音频，如《婷婷姐姐唱诗歌》《陈亮叔叔读古诗》和《国学唱诗班》等，同时也推出了很多传播古文经典的优质节目，如《中国诗词大会》和《经典咏流传》。中国中央电视台到目前为止推出了五季的《中国诗词大会》，这档节目是全民参与的古诗词节目，开播以来备受欢迎。《中国诗词大会》的评委郦波老师曾谈道："诗词只给人以修养，给心灵以港湾，给灵魂以芬芳。所以诗词在抚慰心灵、塑造精神、滋养灵魂等方面给人以强大的力量。那么，这种力量来源于何处？审美！审美给予人强大的能力，是一种全新的出发，也是我们心灵的归宿。品读出诗歌背后的美，品味古诗文字背后的灵魂与人生，或豪放，或婉约，或精致，或壮阔，让我们的心随之律动，与之交融，享受这样一段有关诗词的美的历程。"这档节目带动大家愿意去赏析和体验古诗词的美感，让全民都深深地体会到中国古诗词的语言之精妙、意境之深远。令人印象最深刻的就是第二季《中国诗词大会》中凭借超强实力成为擂主的武亦姝，她在自我介绍中曾说过，她在幼儿时期就特别喜爱诵读古诗词，古诗词更能够带给她很多不一样的感觉，并且在古诗词中能够获得快乐。由此可见，幼儿时期古诗的审美能够培养幼儿丰富的想象力和创造力，从而丰富幼儿的情感体验，产生对美的事物的追求，进而发展幼儿自身感受美、理解美、创造美的能力。对于古诗词的审美，从人的一生成长角度来看，能够造就人的性情，能够陶冶人的情操。同时也能提高自身的文化素养，使其增强自身文化涵养，受益终身。

（三）幼儿园古诗教学中的审美教育

我国教育部颁布的《幼儿园教育指导纲要》和《3—6岁儿童学习与发展指南》中明确指出了审美教育是幼儿园开展五大领域教育的重要组成部分，是幼儿身心和谐发展必不可少的一部分。根据幼儿的身心发展规律，由于他们注意力易分散，思维较为跳跃，仅要求幼儿获得初步情感体验，感受古诗的优美。由此可见，审美在语言学习中具有不可替代的价值和意义。古诗作为语言教育中不可或缺的教育资源，具有篇幅短小精悍的特点，可想而知古人对每个字的运用都是经过深思熟虑，多加揣摩的，因此，古诗具有极高审美价值。但是在当前幼儿园语言活动中，教育者往往代替幼儿进行审美，忽视幼儿的个体存在独立性。在幼儿园开展古诗教学活动中，很多幼儿教师应避免以下误区：

第一，教师只让幼儿"鹦鹉学舌"朗诵古诗；

第二，把古诗学习的重点放在字词的释义上，使古诗欣赏变得枯燥乏味；

第三，教师和家长强迫幼儿进行机械性的记忆和背诵大量的古诗词。同时，教师忽视幼儿在古诗审美教育中的个体差异，无视幼儿的审美倾向和审美体验，将自己的审美感受强加在幼儿身上，本末倒置。由此，笔者希望通过本研究，制定合理的古诗审美教育目标，通过基于古诗开展审美教育的实践探索，使教师在开展古诗教学活动中注重审美教育。

二、幼儿园古诗审美教育概述

（一）古诗

古诗本来的意思指古代人所作的诗。古诗具有句子整齐、平仄对仗、注重韵律等特点，同时古诗还具备抒发真情实感、教化育人的功能。

幼儿园教育中的古诗学习应根据幼儿的认知发展水平，依据幼儿的年龄特点，选取蕴含丰富审美因素和审美特征的古诗，使古诗教学更加具有意义和价值，让幼儿爱上古诗。

（二）审美教育

审美教育是指教育者依据一定时代的审美意识，充分挖掘社会和自然材料中蕴含的审美因素，引发受教育者主动进行审美感受、审美体验和审美创造，以培养和提高受教育者的审美能力和审美境界，促进人的全面发展的教育活动。

（三）幼儿审美教育

本文根据查阅文献及研究的目的，将幼儿审美教育定义为：根据幼儿的身心发展特点，选取富有美的事物，通过组织和开展审美教学和自主活动来培养幼儿感受美、欣赏美、表现美和创造美的情趣和能力，以促进幼儿身心全面发展的教育活动。结合本研究的角度，本文中的幼儿审美教育主要包括两个方面：感知体验古诗美；表达创造古诗美。

三、幼儿园古诗审美教育的理论依据

（一）格式塔心理美学

格式塔心理美学又称为"完形心理美学"，起源于 20 世纪 30 年代的德国，主要的代表人物有考夫卡和阿恩海姆，是现代西方美学的流派之一。格式塔心理美学的基本思想主要强调一件艺术作品的完整性以及人的审美心理对审美对象的完整感知和整体化的作用，注重知觉的整体性，即该美学流派强调的"完形"。考夫卡指出艺术作品是由其各个部分的个体组成的完整结构的统一，这个完善的整体结构要求人们完整地感受它，并受到美的熏陶。格式塔心理美学强调一件艺术作品整体和部分是相辅相成的，整体不等于各部分简单相加之和，整体大于部分之和，部分依附于整体，即美感的整体性远远大于其局部的美感。

当幼儿欣赏一首简单的古诗时，是对整首古诗在感情基调、深远意境等方面的整体理解和感受，绝不仅仅是理解单个词或一句诗的表面意思。同时在开展古诗欣赏活动时，并不仅仅局限于语言活动领域，应让古诗欣赏渗透到幼儿的一日生活中。同时，该美学流派强调一旦人们形成了对艺术作品的"完形"就很难改变，在幼儿园开展审美教育活动，有利于幼儿从小积累自己的审美经验，在成长的道路上形成自己的审美观。

（二）文化历史发展理论

马克思主义强调实践决定认识，人们的认识来源于社会实践活动。受这种思想的影响，维果斯基提出了"文化历史发展理论"，其基本观点为：学习是一个文化参与的过程，学习者通过借助一定的文化支持参与某个学习共同体的实践活动来内化有关知识，掌握相关工具。该理论主张人的高级心理机能是社会文化内化的结果，即把社会中现存的文化（语言、规范、概念）变成自己认知体系的一部分，从而指引并掌握自身的心理活动。

文化历史发展理论的基本前提是：只有在儿童经历的历史和文化背景下来理解儿童的发展才有意义；发展依赖于随着个体成长而形成的符号系统。高级心理机能的中介结构即历史文化。因此，儿童的认知能力的发展始于社会关系和文化，社会文化历史通过语言符号的中介而不断内化的过程就是儿童心理发展的实质。古诗作为中国传统优秀历史文化的重要组成部分，是中华民族文化发展的渊源。当今中国古典诗词讲坛颇具影响力的学者叶嘉莹先生选编出《给孩子的古诗词》一书，她提倡幼儿欣赏不同风格的古诗词，幼儿的生命力与古诗词中蕴含的精神力量共鸣，她希望幼儿在吟诵和欣赏古诗的过程中能得到内心的触动与精神的召唤，滋养幼儿的心灵品质，培养幼儿成长为有感觉、有感情和有修养的人。古诗本身也蕴含着丰富的审美特征和审美因素，幼儿在欣赏和吟诵古诗的过程中，可不断提高自身的审美能力。

（三）建构主义学习理论

建构主义学习理论认为，学习是学习者在原有知识经验的基础上，与一定社会环境不断互动的过程中，主动对新信息进行加工处理、建构知识的意义（知识表征）的过程。当代建构主义者强调儿童的学习应是在具体的情境下进行的，建构主义学习的四大要素为：情景、协作、会话和意义建构，这对基于古诗开展幼儿审美教育有重要指导意义。古诗由于自身语言精练的特点，幼儿如果仅仅依靠古诗内容本身理解起来会有一定的难度。基于建构主义理论，幼儿教师在开展古诗教学活动时，除了要考虑教学目标的实现外，依据幼儿的心理发展特点，还应该认真考虑并精心设计良好的教学环境，营造富有文化底蕴且轻松愉悦的欣赏氛围。教师通过展示与古诗内容贴合的图片、播放生动悦耳且朗朗上口的吟诵音频、设计丰富多样且满足幼儿表达欲望的活动，创设幼儿欣赏古诗的情境，增强欣赏古诗活动的趣味性，激发幼儿审美兴趣，让幼儿在真实的情境中更加容易地进入欣赏古诗的状态，积极参与古诗审美活动，促进幼儿与同伴之间的交往，获得全面发展。

四、古诗对幼儿审美教育的价值

（一）古诗蕴含的韵律美有利于幼儿审美感知力的提高

古诗蕴含的韵律美强调的是故事本身所具有的辞藻押韵和平仄起伏，古诗朗读节奏的要求也是非常讲究的。古人在朗诵古诗时总是摇头晃脑，这正是他们通过身体来感知古诗，体会古诗极具特色的节奏感和音乐美。比如，吟诵古诗时我们会给故事划分朗读节奏，以唐代诗人李白的《静夜思》为例，床前／

明月光，疑是／地上霜，举头／望明月，低头／思故乡。这种节奏下，儿童会不自觉地用轻柔的语调来吟诵，他们会体会诗人的思乡之情，会表达内心最真实的情感。这种情况下，幼儿的语气会不断地交叉，语调的高低起伏会伴随着幼儿的情绪呼之欲出。幼儿的感慨、忧愁顷刻间迸发出来。因此，幼儿听到"爆竹声中一岁除，春风送暖入屠苏""箫声咽，秦娥梦断秦楼月""夜来风雨声，花落知多少""间关莺语花底滑，幽咽泉流冰下难""鸡声春晓上林中，一声惊落虾蟆宫"时，爆竹声、箫声、风雨声、蝉声、水声不绝于耳，起伏的乐曲在不经意间谱出一首动人的乐章。古诗中蕴含的韵律美，是幼儿通过自己的感官感知到的，他们通过自己的耳朵在古诗中听到鸟儿啾啾、流水淙淙、泉水叮咚，用心捕捉大自然发出的绝妙音响。幼儿可以通过吟咏古诗，跟唱古诗歌的方式体会古诗蕴含的韵律美，感受古诗和音乐结合的唯美。我们可以从小培养幼儿的节奏感，提高音乐审美的素养，受到美的感染，获得美的熏陶，从而提高幼儿的审美感知力。

（二）古诗蕴含的画意美有利于幼儿审美创造力的提高

人们常说诗中有画，画中有诗。从古至今，又有多少文人骚客阅览美景时，不禁写出流传至今的名篇佳作，由此可见诗与画是有共同点的。画面美、结构美、色彩美、形式美是诗画共同具备的特点。古人的很多诗句，人们在欣赏之后，常常会情不自禁地作出一幅画。杜牧的《山行》一诗，该诗的主要景色为枫林，通过描写秋天的小路、白云缭绕下的小村庄、满山如火如荼的枫树林，描绘出一幅色彩热烈、艳丽的山林秋景图。画家用画笔勾勒美景，诗人则选择用语言来描绘古诗的画意美。他们通过自己双眼看到的色彩、形状和线条来观察景物，让自己的诗歌更具有画意美。幼儿在欣赏古诗时，会利用自己的视觉敏锐度，观察和发现诗中景物的色彩、形状和结构。幼儿会通过自己的想象力，用自己的调色板，画出远处的小山、白色的云、坐落的房屋和绚丽的枫叶。

幼儿通过绘画的形式，表达自己美的感受，创造自己喜爱的多姿多彩的画面。通过欣赏古诗的画意美，让幼儿不再用平白的"好听"来表达自己对古诗的喜爱，而是用双手描绘出动人的画面。因此，古诗蕴含的画意美有利于提高幼儿的审美创造力。

（三）古诗蕴含的意境美有利于幼儿审美想象力的提高

中国古代的诗歌创作讲究意境。意境这个词语感觉虚无缥缈的，因此在欣赏此类诗歌时，要发挥我们想象的能力。那么何为意境？意境指作者的主观情感与客观物境互相交融而形成的艺术境界，是足以使读者沉浸在其中的想象世界。

古代诗歌非常重视动态美和静态美，这是古代文人雅士特有的审美情趣。王维在他的山水诗里，喜欢创造静谧的意境。他的《鸟鸣涧》是一首具有绝妙意境的古诗，需要欣赏者用心灵感受夜的宁静、鸟儿的鸣叫和桂花飘落的声音。诗人用鸟惊、桂花落来衬托山林的幽静。诗人用动静结合的艺术手法，更加增添了本首诗的静态美，由此产生迷人的艺术魅力。这时，想象给幼儿插上一双翅膀，有了它幼儿在古诗的意境中翱翔，展示自己自由的心灵。古诗注重意境美，没有想象就没有对古诗的审美。而这种审美想象虽然离不开古诗自身的文字，但是这种想象又要跳脱古诗原本的字词。在幼儿欣赏此类古诗时，要调动幼儿积累的经验感受，发挥想象，展开联想，全身心地进入古诗的意境，深入体会古诗的意境美，提高自身的审美想象力，获得美的感受和愉悦。

（四）古诗蕴含的情感美有利于幼儿审美评价力的提高

王国维在《人间词话》中谈道："一切景语皆情语。"古诗具有的情感传递性也是其美感的重要体现，幼儿在审美活动中由感知古诗中的画面美进而感受情感美，这是其审美能力的加深和提高。《池上》这首诗描绘了一幅小孩儿偷采白莲的有趣情景，表达了诗人对小孩的喜爱之情。作者的感情流露体现在古诗中描写小娃儿撑船偷采白莲，离去时以为自己不会被发现，殊不知小船将身后的浮萍划出一道明显的痕迹，此诗有景有色，不仅对小孩的动作进行描写，而且细致入微地刻画孩子的心理活动，富有情趣。读完整首诗，作者描写的小主人公天真可爱、活泼顽皮的形象也就栩栩如生，跃然纸上了。高尔泰曾说过："美是诗的基础。诗的本质永远体现着善与爱，古诗的美也通过善与爱来得到充实与丰富。"因此，我们从诗中受到了善与爱的滋养。从李白的《赠汪伦》中我们感受到了友情的深厚，从苏轼的《水调歌头》中我们读到了对人间生活的热爱，从文天祥的《过零丁洋》中我们感慨他慷慨激昂的爱国热情。当幼儿对这些饱含深情的古诗进行吟诵时，其生命的完整性得到提升，幼儿会自然表达对妈妈的爱，说出对妈妈的关心和爱护，表达自己对祖国的热爱。在这个过程中幼儿的审美评价力得以提升，幼儿用自己的真情实感表达出对事物最真实的感情，从而在生活中发现美、认识美和享受美，使其心灵受到美的熏陶，审美评价更加真实贴切。

五、审美教育古诗的选择

中国古典诗词繁多，但不是所有的古诗都符合幼儿的审美，选择适合幼儿的古诗，有利于激发幼儿的审美兴趣。以下是古诗选择可遵循的原则：

1.符合幼儿的身心发展特点

不同年龄阶段的幼儿的认知、思维以及积累的生活经验不同，在选择古诗时应该首先考虑幼儿的身心发展特点，尽量规避那些晦涩难懂的古诗。尽量选择贴近幼儿生活，更能激发幼儿学习兴趣的古诗。大班幼儿已经具备了一定的生活经验和古诗的阅读积累，应追求古诗内容的趣味性、情节变化和主体的情感体验。

2.蕴含丰富的审美特征

"审"作为"审美"一词中的动作，该动作的发出者是谁呢？不言而喻，当然是审美主体。那么在开展古诗教学活动时，这个主体指教师和幼儿。同时，也一定有可供人审的"美"，即审美对象或客体。在运用古诗开展幼儿审美教育的活动中，审美客体即古诗中蕴含的审美因素。因此，教师在选择古诗时，一定要挖掘古诗蕴含的审美特征。比如，古诗中蕴含的画面美、韵律美、节奏美、情感美和意境美，等等。这样，幼儿在欣赏时可以受到美的熏陶，提升自身的审美能力。

3. 符合活动主题的需要

在遵循一定选择古诗的原则后，我们可以选择很多古诗来开展活动，但是这些古诗是否符合本活动的主题是非常重要的。古诗选择的有效性即是否贴合研究的需要，应在主题适应的前提下选择适宜的古诗。以古诗为载体培养幼儿的审美能力，根据古诗蕴含的审美因素及主题的需求，从古诗的"画面美、韵律美、意境美、情感美"四个方面，可选择出以下古诗作为重要参考：

表 6-1 审美教育古诗的选择

类别	古诗	
	选择缘由	具体古诗
画面美	通过简单的意象或是一个句子、词语，有景有色，描绘一幅美丽生动的画面。	《小池》《池上》《山村咏怀》《山行》《望庐山瀑布》《江雪》
意境美	通过静谧、清新、幽美、祥和的意境，给幼儿以真实的体验，仿佛置身其中。	《夜宿山寺》《枫桥夜泊》《绝句》《春日》
情感美	符合幼儿的生活经验，通过简单的诗句，表达真挚的情感：爱国情、思乡情、友情等。	《九月九日忆山东兄弟》《过零丁洋》《赠汪伦》《悯农》《回乡偶书》
节奏美	读起来朗朗上口，具有节奏感。	《汉乐府·江南》《鹅鹅鹅》

培养幼儿感知体验、表达创作画面美的古诗有：《池上》《山村咏怀》《汉乐府·江南》；培养幼儿感知体验、表达创作意境美的古诗有：《夜宿山寺》

《枫桥夜泊》；培养幼儿感知体验、表达创作情感美的古诗有：《悯农》《赠汪伦》；培养幼儿感知体验、表达创作节奏美的古诗可贯穿于以上每首古诗。

六、幼儿园古诗审美教育实践

（一）感知体验古诗美

用古诗培养幼儿感知体验画面美，主要培养幼儿的审美感知力，希望通过

表 6-2　古诗《池上》欣赏活动

古诗欣赏：《池上》	
活动时间	
活动目标	1. 能够理解并背诵古诗。 2. 初步感知古诗的画面美，能够说出古诗描绘的画面。 3. 感受诗中的童趣，保持纯真的童心。
活动准备	PPT、趣味视频（古诗《池上》视频）、树叶和有水的盆
活动过程	一、故事导入，激发审美兴趣 二、看图、说图，初步感受古诗的画面美。我们来结合刚才的故事一起去学习一下这首古诗；我们先来看一看这个小娃娃是怎么去采白莲的吧。 1. 问题 1：图上是谁？在干什么？（要求用完整的语言表达） 2. 问题 2：划船干什么去呢？怎么知道的？ 3. 问题 3：小娃娃偷采白莲，会不会被别人发现呢？为什么会被别人发现呢？（突破理解难点） 三、欣赏古诗，细心体会古诗美这就是白居易在他的池塘边上看到这个有趣的景象后写下的古诗，所以古诗名字叫《池上》。 1. 教师配乐有感情地朗诵古诗。（播放视频，配乐） 2. 教师朗诵古诗。（播放视频，不配乐）
活动过程	3. 配合视频一句一句学习。（教师在视频播放的过程中，每读完一句就暂停一下，解释个别字词） 4. 请小朋友们用简短话语说出古诗。 5. 齐读古诗→接龙读→分组读古诗。 四、完整感知古诗的画面美

本次活动，幼儿能够善于用自己的双眼发现古诗中的美。

1. 发现古诗之美

活动分析（表6-2）：古诗《池上》是白居易晚年所作的一首诗，该诗记录了小娃娃偷采白莲被发现的趣事。幼儿根据教师出示的图片，眼前浮现出夏天的午后，可爱、俏皮的小孩子在莲花绽放的池塘里偷采白莲，为了不被发现撑船溜走的画面。幼儿在欣赏本首诗的过程中，特别喜爱小娃娃的可爱可亲。在实物展示环节，孩子们的积极性很高，愿意进行操作。孩子们在欢声笑语中感知体验这幅生动活泼的生活图景。

2. 运用古诗使幼儿体验韵律美

古人在吟诵中体会古诗的美妙，本次活动的开展，主要培养幼儿的诵读节奏感，体会古诗蕴含的韵律美。活动的具体实施过程见表6-3。

活动分析（表6-3）：古诗《夜宿山寺》是诗人李白夜晚住在一个深山寺庙之中，发现寺庙中的藏经阁后登楼眺望，发现满天星辰闪烁，之后写下了这首古诗。根据本诗的意象，可在古诗导入环节选择幼儿熟悉的儿歌《小星星》进行导入，激发幼儿的欣赏兴趣，在古诗的欣赏过程中，采用示范朗读、划分古诗节奏和为古诗配乐朗诵等方式，让幼儿更好地掌握本首诗的吟诵节奏，体会古诗蕴含的韵律美。幼儿在跟随音乐一遍遍的吟诵中，爱上吟诵古诗，体会古诗的美。

3. 运用古诗使幼儿体验古诗意境美

体会古诗的意境，对于幼儿来说具有一定的困难，怎样让幼儿更好地感知古诗的意境美？怎样让幼儿说出古诗的意境？活动的具体实施过程如表6-4所示。

活动分析（表6-4）：《枫桥夜泊》描写了一个秋天的夜晚，诗人夜泊苏州城外枫桥的所思所想。在教学活动的过程中，教师可用图片、音乐引导幼儿

表 6-3 古诗《夜宿寒山寺》欣赏活动

古诗欣赏：《夜宿山寺》	
活动时间	
活动目标	1. 能够有节奏地朗读古诗，体会古诗的节奏美。 2. 能够理解记忆古诗，感受古诗中使用的夸张修辞手法 3. 感受本诗绝美的意境美，保持一颗充满想象力的头脑。
活动准备	PPT、小星星的儿歌、趣味视频（婷婷唱古诗《夜宿山寺》视频）
活动过程	一、音乐导入，激发审美兴趣 教师：播放儿歌《小星星》 二、看图、说图，感受古诗意境美 1. 看图：请小朋友们仔细观察老师展示的挂图 2. 说图。（要求用完整的语言进行表达） （1）问题一：大家看图上都展示出了哪些景象呢？ 教师：夜晚、山、星星、一座房子。 （2）问题二：请小朋友们用完整的句子来表达看到的景象。 教师：宁静的夜晚，星星眨着眼睛，月亮的光芒普照大地，照亮了山峰、树木和一座房子。 （3）问题三：小朋友们，请你们仔细观察图片，然后思考一下，这幅图片背后会有一个怎样的故事？（要求具有画面感，符合图中展示的意境） 教师：大家创编的故事都非常美，接下来就让我们一起来学习这首《夜宿山寺》。 三、学习古诗，细心体会古诗韵律美 1. 教师配乐有感情地朗诵古诗 2. 配合视频一句一句学习（教师在视频播放的过程中，每唱完一句就暂停一下，解释个别字词） 3. 请小朋友们将本首诗歌的大意连贯起来 教师：小朋友们，我们在理解了每句诗的重点字词之后，请大家将本诗大意串起来，要求富有画面美和想象力。 4. 鼓励小朋友们尝试有感情地吟诵古诗 教师：小朋友们，大家已经知道这首古诗的意思了，而且还用故事的方式讲出来了，那下面我们试着吟诵这首美丽的古诗吧，希望大家注意朗读的节奏。 四、再次欣赏，完整感知古诗美

欣赏落月、啼乌、满天霜、江枫、渔火等意象，创造一种意蕴浓郁的审美情境，让幼儿体验感知古诗空灵、旷远的意境美。

表 6-4　古诗《枫桥夜泊》欣赏活动

古诗欣赏：《枫桥夜泊》	
活动时间	
活动目标	1.能够有感情、有起伏的吟诵古诗。 2.感受诗中情景交融的意境美。 3.理解古诗内容，体会作者的孤寂与忧愁。
活动准备	PPT、趣味视频（婷婷唱古诗《枫桥夜泊》视频）
活动过程	一、谜语导入，激发审美兴趣 1.猜谜语：有时挂在树梢，有时挂在山腰，有时像个圆盘，有时像把镰刀。谜底（月亮） 2.师：小朋友你们猜出来了吗？秋天的夜晚景色很美，我们一起去看一下吧！ 二、看图、说图，感受古诗意境美 1.看图：请小朋友们仔细观察老师展示的挂图 2.说图。（要求用完整的语言进行表达） （1）问题一：大家看图上都展示出了哪些景象呢？ （2）引导幼儿观察画面所反映的时间、地点、景物…… （3）问题二：请小朋友们用完整的句子来表达看到的景象？ （4）这些景象都是诗人看到的，然后通过一首古诗描写了出来，让我们一起来欣赏一下这首古诗吧。 三、品味古诗，感知体会古诗美 1.教师配乐有感情地朗诵古诗。 师：听了这首古诗你的心情是怎么样的？ 2.配合课件呈现的图片一句一句学习，体会古诗的意境美。 3.请小朋友们将本首诗歌的大意连贯起来。 教师：小朋友们，我们在理解了每句诗的重点字词之后，请大家将本诗大意串起来，要求富有画面美和想象力。 4.刚刚我们一起学习了这首古诗，那么这首古诗描写了哪些景色，作者的心情是怎么样的呢？ 四、吟诵古诗，整体感知古诗美 教师：小朋友们，大家已经知道这首古诗的意思了，而且还用故事的方式讲出来了，那下面我们试着读一读这首优美的古诗吧。

4. 运用古诗使幼儿感受古诗情感美

古诗中抒发了作者真挚的情感，让幼儿通过吟诵古诗体会古诗中蕴含的情感美，是古诗审美教育的途径之一。

活动分析（表6-5）：《悯农》是幼儿十分熟悉的一首古诗，诗人在古诗的前两句细致地描写了农民在广大的田野里春种秋收等繁重劳动的辛苦，尤其

表 6-5 古诗《悯农》欣赏活动

古诗欣赏：《悯农》	
活动时间	
活动目标	1.初步理解诗的大意和诗中表达的情感。 2.尝试用肢体表演出农民伯伯辛勤劳作的动作。 3.感受农民伯伯的辛苦和粮食的来之不易，养成节俭的好习惯。
活动准备	PPT、趣味视频（婷婷唱古诗《悯农》视频）、舞蹈伴奏。
活动过程	一、儿歌导入，激发审美兴趣 二、看图、说图，理解古诗的意境美 1.看图：请小朋友们仔细观察老师展示的挂图 2.说图。（要求用完整的语言进行表达） （1）问题一：当太阳高高地挂在天空上的时候，老爷爷在干吗？ （2）问题二：太阳照到身上是什么样的感觉呀？热了会怎么样？ （3）问题三：小朋友看到农民伯伯辛苦劳动播种出来的水稻经过家人的烹饪变成了什么呀？那小朋友能不能浪费粮食？ （4）让我们一起来欣赏一下这首古诗吧。 三、学习古诗，细心体会古诗表达的情感美 1.教师配乐有感情地朗诵古诗。 教师：今天学习的古诗的诗名是？ 配合课件呈现的图片一句一句学习，体会古诗传达的情感。 四、朗诵古诗，感受古诗的韵律美 1.教师配乐示范朗诵。 2.划分古诗节奏，引导幼儿朗诵出古诗的抑扬顿挫。 五、运用肢体动作创意表演古诗，激发幼儿的表达欲望 鼓励小朋友们有节奏、有感情地吟诵古诗，配合动作表演古诗。 教师：小朋友们，大家已经知道这首古诗的意思了，那么我们跟着视频一起来边读古诗边表演吧。

表 6-6　古诗《山村咏怀》欣赏活动一

古诗欣赏：《山村咏怀》	
活动时间	
活动目标	1.能够理解并背诵古诗，体会诗歌的意境，体验数字诗的趣味。 2.学习记录生活中美好的事物，拥有积极的生活态度。 3.根据古诗描述的内容，体会古诗描绘的画面美。
活动准备	PPT、字卡、纸、彩笔（学生用）、趣味视频（婷婷唱古诗《山村咏怀》视频）
活动过程	一、游戏导入，激发审美兴趣 教师：小朋友们都会数数吧，我们来数数比赛，从 1 到 10 看谁数 tj 又快又准。 教师：1-10 是十个有趣的数字，宋代有位叫邵雍的诗人把他们串在一起，写成了一首美丽的古诗，咱们一起去欣赏一下吧。 二、看图、说图，感知古诗画面美 1.问题一：小朋友们你们从第一幅图中看到了谁？他在干什么？
	2.问题二：那小朋友们，我们跟老爷爷一起去散步吧。从第二幅图中看到了哪些景物？ 教师：村子、亭子、树木、花朵。 3.问题三：请小朋友们认真数一数有多少户人家？有多少座亭子？有多少枝花朵？ 4.问题四：请小朋友们仔细观察这幅图，用自己的话说一说这幅图的大概内容。（要求具有画面感，富有感情） 教师：接下来，我们就跟老人家一起来欣赏一下这座宁静、恬淡、秀美的山村吧。 三、深入欣赏古诗，激发表达欲望这就是今天我们要学习的古诗了，接下来就让我们一起来学习这首古诗吧。（教师播放视频） 1.教师配乐有感情地朗诵古诗。 2.教师示范朗诵古诗。（不配乐） 3.配合视频一句一句学习。 4.请小朋友们用故事的方式讲述古诗。 四、游戏吟诵古诗，体会数字诗的趣味 1.齐读古诗→接龙读→分组读诗。 2.利用手指谣，欣赏古诗。

表 6-7　古诗《山村泳怀》欣赏活动二

古诗欣赏活动：《山村咏怀》	
活动类型	区域活动
活动目标	1. 把自己欣赏到古诗蕴含的画面美通过自己的想象表达创造出来。 2. 提高幼儿的审美能力。
活动准备	彩色卡纸、固体胶、蜡笔、画笔
活动过程	活动实施的情况：首先，让幼儿再次聆听古诗《山村咏怀》，让幼儿回忆听到了古诗中描写的那些景象，孩子们纷纷举手回答道："有小路、山村、亭台，还有很多花朵。"根据幼儿的回答，这时给幼儿分发画笔以及画纸，要求幼儿画出自己心目中的小路。同时，教师为幼儿提供了房子、小山、亭台的示范图，幼儿可以根据自己的喜爱画出自己喜欢的形状，并且涂上自己喜欢的颜色。S1 说："我要把房子涂成红色，把山涂成绿色。"S6 说："我要把房子装饰上好看的图案。"在幼儿绘画结束之后，让幼儿自己尝试把画出的物体撕下来，用固体胶粘贴在彩色卡纸上。S10 说："我把山贴在远远的地方，这样可以看到很远的地方。"S18 说："我要在我的小树上贴八枝花，因为古诗中是'八九十枝花'"。幼儿完成作品后，开展了一个作品展示与评价活动。S3 说："我喜欢 S5 的画，他的画很符合古诗的内容。"S3 边说边情不自禁地吟诵起了《山村咏怀》。S21 说："我喜欢 S25 的画，他的画颜色很好看，青青的山，绿绿的草，还有很多不同颜色的花。"

是把粒粒粮食比作滴滴汗水，真是体察细微，形象贴切，表达的情感真挚细腻。在教学过程中，教师根据幼儿的日常生活经验引导幼儿创编古诗中的动作，让幼儿更能深切地体会诗人所要表达的感情。

（二）表达表现古诗美

1. 表达创造古诗的画面美

在表达创造古诗美的活动方案中，设计出两个活动（表 6-6 和表 6-7），

表 6-8　古诗《汉乐府·江南》欣赏活动

古诗欣赏：《汉乐府·江南》	
活动类型	集体欣赏活动
活动目标	1.吟诵古诗，学习古诗中的方位词。 2.通过游戏表演的方式，激发提高幼儿对古诗的创造力。 3.体会江南水乡的美景，热爱大自然。
活动准备	PPT、趣味视频（婷婷唱古诗《汉乐府·江南》视频）
活动过程	一、图片导入，激发审美兴趣 小朋友们，你们看过江南的美景吗？今天我们一起来欣赏一下江南的美景吧。（课件出示中国行政地图）
活动过程	二、看图说图，整体感知古诗描绘的画面 1.你在图上看到了什么？（出示莲叶图） 教师：池塘、莲花、莲叶、莲蓬 2.小朋友们你们仔细看一下这张图片，分别从颜色、形状、大小等方面来说一说你看到的莲叶。（出示满湖莲叶图） 3.这么美的莲花、莲叶，还有谁也和采莲人一样开心呢？小鱼在水里干什么呢？它们是怎么游泳的呢？（出示带有小鱼的图片） 三、学习古诗，感知古诗美 1.教师配乐有感情地朗诵古诗。 2.教师朗诵古诗。（不配乐） 3.配合视频一句一句学习。 4.请同学们用故事的方式讲述古诗。 5.齐读古诗→接龙读。 四、开展古诗游戏，体会诵读古诗的趣味 组织幼儿表演：你想不想当快乐的小鱼，在莲叶间自由自在地游来游呢？ 那我们就按照东、西、南、北这个顺序，来朗读古诗。（幼儿一边按方位表演，边读诗句）你们就是荷塘里快乐的小鱼，读出了小鱼的快乐。

表 6-9　"我是小诗人"古诗吟诵活动

古诗吟诵活动：我是小诗人	
活动类型	区域活动
活动目标	1.通过让幼儿在同伴面前自主展示吟诵古诗，运用肢体动作、语气语调、表情延伸吟诵古诗，给予幼儿表达创造的机会。 2.体验吟诵古诗带来的乐趣，提高幼儿的审美表现力和审美理解力。
活动准备	PPT、趣味视频（婷婷唱古诗《汉乐府·江南》视频）
活动过程	一、全体吟诵本周新学习的古诗 二、幼儿单独进行吟诵 三、邀请一部分幼儿谈谈听完的感受 四、幼儿分享自己的爸爸妈妈为自己准备了哪些道具

希望幼儿在第一次活动的基础上更好地表达创造古诗的画面美。

2.表达创造古诗的韵律美

在表达创造古诗美的活动方案中，设计（表 6-8 和表 6-9），希望能培养幼儿表达创造古诗韵律美的能力。

活动分析（表 6-9）：幼儿在参与游戏的过程中，体会古诗的趣味性。"我是小诗人"活动的开展，不仅为幼儿提供了一次展示与表达的机会，还让幼儿深深感受到古诗的韵律美。幼儿通过动作、表情、服装等恰当的方式表达自己对于古诗的审美感受。在这样的活动中，幼儿作为审美的主体，通过感官与心智去感受、去体验，也提高了幼儿的审美能力，促进了幼儿的全面发展。

3.表达创造古诗的情感美

让幼儿在欣赏古诗情感美的基础上，通过话剧表演的方式，表达创造古诗蕴含的情感美。活动具体实施过程如表 6-10 和表 6-11 所示。

活动分析（表 6-11）：将古诗创编成情景剧的过程，可极大丰富幼儿的审美想象。古诗情景剧创作是一个综合性的活动，需要调动幼儿各方面的能力，

表 6-10 古诗《赠汪伦》欣赏活动

古诗欣赏：《赠汪伦》	
活动类型	集体欣赏活动
活动目标	1.初步理解古诗内容。 2.通过生活经验讲述，有感情地吟诵古诗。 3.通过角色扮演游戏，体会诗人表达的朋友间的深厚感情。
活动准备	PPT、趣味视频（婷婷唱古诗《赠汪伦》视频）
活动过程	一、儿歌导入，激发幼儿欣赏古诗的兴趣 1.播放儿歌《找朋友》，交流谁是自己的好朋友，与好朋友之间发生过什么快乐的事情。2.结合幼儿的生活经验讲述。 提问：好朋友来家里做客后，即将分别时，你的心情是怎样的？ 二、理解古诗，初步感受古诗表达的朋友间的惜别之情 1.看动画，引导幼儿了解古诗内容。2.运用古筝曲作为背景音乐，教师示范朗诵古诗，将幼儿引入古诗的意境。提问：从诗里你听到了哪些内容？脑海中出现什么样的画面，谁来尝试说一说？3.欣赏古诗朗诵，通过字幕、背景图，引导幼儿理解古诗。提问：这一遍，你又听到了什么、看到了什么？ 4.一句一句欣赏古诗，体会诗人表达的朋友间的惜别之情。 (1)出示第一句古诗，通过视频播放，引导幼儿感受李白将乘舟离开的情景。(2)出示第二句古诗，分析汪伦踏歌送行的原因，感受朋友分别时的依依不舍之情。教师提问：李白就要走了，岸上怎么会有歌声？ （3）引导幼儿结合生活经验，讲述并表演与朋友分开时的情境，理解古诗表达的朋友间的惜别之情。提问：你也有跟朋友分开的时候，你会用什么方式送朋友，对朋友说些什么？幼儿扮演汪伦，表演为李白送行的情节。（4）出示第三、第四句古诗。引导幼儿感受、并表达朋友间深深的感情。教师提问：诗中描写的桃花潭水有多深？谁能用动作表示一下？哪位小朋友尝试朗诵一下这两句诗，把这份深深的感情表达出来？ 三、体验、表现古诗所表达的朋友依依不舍的情感 1.通过播放音频《赠汪伦》，让感受古诗朗诵中表达的情感，引导幼儿有感情地朗诵古诗。完整欣赏古诗朗诵。提问：用怎样的方式朗诵《赠汪伦》会让你感动？2.播放背景音乐，引导幼儿在音乐的渲染中有感情地朗诵古诗，表现朋友分别时依依不舍的情感。 四、角色扮演朗诵，深入体会诗人表达的情感 引导幼儿运用头冠和折扇，打扮成古人的样子用肢体动作、用声音表现古诗。

表 6-11 "我是小小演员"古诗表演活动

古诗表演活动：我是小小演员	
活动类型	区域活动
活动目标	1.让幼儿通过对于古诗进行情景剧表演的方式，体会古诗中蕴含的情感美。 2.通过对古诗内容的想象，运用语言、动作等方式，体会作者表达的情感，提高自身的审美表现力、审美理解力和审美想象力。
活动准备	音乐、课件、桌子、毛巾、碗筷
活动过程	一、幼儿学习古诗打招呼的方式，与现场观众问好并介绍自己扮演的角色 二、幼儿分角色进行情景表演 三、其他幼儿根据情景演唱古诗 四、幼儿分享自己对活动的看法

可极大促进幼儿审美感知的整体性发展。古诗情景剧在表演的过程中，幼儿通过游戏化的形式将其呈现出来，能够满足幼儿审美体验的愉悦感。家长为幼儿精心准备道具，帮助幼儿熟悉台词，带幼儿一起学习古人的礼仪，这些都为幼儿的精彩表演锦上添花。幼儿在两次活动过程中，表达、创造古诗蕴含的情感美，不断提高自身的审美能力。

七、树立科学正确的幼儿古诗审美的教育观念

（一）增强古诗审美教育价值的认同感

古诗是中国古典文化的精华，欣赏古诗有利于培养幼儿的想象力与创造性思维。古诗自身也蕴含着丰富的审美特征，极具欣赏审美价值。古诗把画面美、意境美、韵律美、情感美、语言美与艺术妙笔互相融合，有着自身独特的审美功能，幼儿从中受到美的熏陶。正所谓"诗中有画""画中有诗""诗中有情""诗中有理"，古诗既具有耀眼的美的光彩，又给人以深刻的启示。捕捉其"亦景、亦情、亦理"的特征，可使幼儿在思想情操上受到美的熏陶与升华。因此，教

师要注重古诗欣赏活动中审美教育价值的实现，不要把教育目标放在对古诗的背诵与理解层面。对于幼儿而言，他们还不具有完善的审美体系，对于是非、善恶、美丑往往通过自身的先前经验进行判断，而不能很好地分辨事物本身的内在美与价值。幼儿通过古诗欣赏活动可以弥补这个方面的不足，古诗自身蕴含的情感是比较内敛含蓄的，诗人把自己的情感和志向寄托于古诗之中，正所谓"诗以道志"，古诗欣赏活动可以满足幼儿的审美需求，激发幼儿的审美兴趣，完善幼儿的审美人格，提升幼儿的审美素养。

同时，幼儿教师在开展古诗欣赏活动时，应重视古诗审美教育价值，帮助幼儿鉴赏古诗中美的元素，把审美教育与德育、智育放到同等重要的地位。幼儿教师通过对古诗的鉴赏，可拓展幼儿的审美视野，让幼儿获得更高水平的审美经验，得出正确的审美标准，提升自身的审美能力。

（二）满足幼儿古诗审美心理的需求

幼儿与成年人一样，拥有一切基本权益，具有独立的人格。幼儿是一个全方位不断发展的"整体"的人，应该尊重并满足各方面发展的需求。《幼儿园教育指导纲要（试行）》中明确提出："教师应成为幼儿学习活动的支持者、合作者、引导者。"《幼儿园教师专业标准》提出，幼儿教师要具备的基本理念为"幼儿为本、师德为先、能力为重、终身学习。"其中"幼儿为本"放在首位，这就要求教师树立正确的儿童观和教育观，尊重幼儿人格，信任幼儿的选择。在基于古诗开展幼儿审美教育时，教师要尊重幼儿在欣赏活动中的主体地位，充分发挥幼儿的主动性、选择性与创造性，满足幼儿古诗审美心理需求，激发幼儿产生浓厚的审美兴趣。满足幼儿的审美心理需求最重要的一点是教师要尊重幼儿在审美活动中的主体地位，幼儿在整个审美活动中是感知体验美的主体，是表达创造美的主体。审美活动的开展需要在轻松愉悦的氛围中发生，建立平等融洽的师幼关系对于幼儿来说是非常重要的。教师要确保幼儿在古诗欣赏活动中审美主体的地位，为幼儿提供更好的材料让幼儿进行感知体验，提供更多的时间与空间让幼儿用自己喜欢的方式进行表达创造美。同时，幼儿教师要认可幼儿是在古诗审美活动中的欣赏者、参与者、表现者与创造者，使幼儿的审美能力得到提高。

（三）提升教师在古诗教学中的审美教育能力

1.提高教师古诗审美素养和专业素养

《幼儿园教育指导纲要（试行）》中指出：幼儿园的教育内容是全面的，可以相对划分为语言、科学、社会、健康和艺术等五大领域。同时强调，"各领域的内容应有机联系，相互渗透。"这五大领域实施的形态是要在幼儿教育活动中综合地实施教育，把各领域综合、完整地呈现在幼儿的教育活动中。审美教育作为美育的重要组成部分，在幼儿园的活动开展中重视度不足。在研究中发现，幼儿教师对于古诗审美特征把握不明确，对于幼儿的审美心理特征认识不足。因此，幼儿教师要不断提升自身的审美素养和文化素养。在提高幼儿教师的审美素养方面，首先幼儿教师应加强对于美学知识和理论的学习，从而细致了解美的产生、发展、本质、特征、功能，以及美感的发生、发展、性质、特征及其规律。其次，幼儿教师在日常的备课、课堂活动、环境创设和区角设计等进行美育实践，培养自身的审美素养，提高表达美、创造美的能力。最后，幼儿园要为幼儿教师提供学习和培训的机会，通过学习审美教育课程、参加艺术相关的活动、请专家做报告等途径，丰富自身的审美经验。由此，让幼儿教师在开展审美教育活动时，更加遵循审美教育的规律，给予幼儿更加科学、规范的审美指导，在与幼儿的学习交流中，不断提高自身的审美素养。

一名好教师需要储备丰富的专业知识。专业知识包括基本文化知识、教育理论知识和教学实践知识。首先，幼儿教师可以加强对于中国古典文化的学习，广泛诵读经典古诗词，根据幼儿的身体发展特点，为幼儿选择适宜的古诗进行欣赏；其次，幼儿园可以组织以古诗为主题的公开课，让幼儿教师在实践与反思中提高自己的教育、教学能力；最后，幼儿园可以为幼儿教师提供参与国家培训的机会，通过专业的指导学习把中国的古诗文运用到幼儿审美教育中。

2.提高教师挖掘古诗中审美因素的能力

古诗作为中国传统文化的精髓与瑰宝，是幼儿欣赏古典文学的启蒙，对幼儿形成良好的文化素养有着至关重要的作用。中国诗词是中华优秀传统文化中最能展现中国人情感世界、审美世界，最能敏锐捕捉时代风云、体现时代变化的艺术形式。古诗的审美教育可以提高幼儿的语言表达能力，拓展幼儿的想象思维，陶冶幼儿的情操。因此，提高幼儿教师挖掘古诗中审美因素的能力在古诗欣赏活动中是必不可少的。古诗本身也具备教育的功能，它能培养幼儿的想象力、培养幼儿的创造性思维、使幼儿在学习古诗中弘扬中国的传统文化。古诗蕴含着丰富的内涵，包含着丰富的审美因素。在开展古诗欣赏活动中，幼儿审美能力的提升需要一个由浅入深、层层递进的过程，不能拔苗助长，忽视幼儿的认知发展水平，不能过于强调让幼儿背诵整首古诗，理解古诗蕴含的意思，忽视占诗教学中审美教育的价值。

在古诗欣赏活动中，教师要充分分析并挖掘古诗的审美因素和特征，指导幼儿运用各种感官充分感知体验古诗的色彩美、情感美、意境美和哲理美，让幼儿在古诗游戏中解放自己的天性，在古诗绘画和表演中放飞自己的想象，在古诗吟诵中表达释放自己内心的情感。不断给予幼儿表达和创造的机会，让幼儿在全身心的审美体验中丰富自身的审美经验，提高自身的审美能力。

（四）制定科学有效的古诗审美教育方案

1.选择符合幼儿审美心理的古诗

在教师开展的古诗教学活动中，存在活动的开展过于浅显、不能为幼儿传授新经验的现象。经过详细的分析和对幼儿教师的访谈了解到，一方面，教师会根据提供的参考教材和教学活动设计直接开展古诗活动，对教学活动设计的适宜性未加考量；另一方面，教师因工作繁忙、教学积极性不高直接从网上下载古诗教案开展活动，并且对于幼儿喜爱的古诗不是特别了解。选择符合幼儿审美心理的古诗对于开展古诗审美教育具有重要的意义。首先，幼儿教师可以加大对于经典古诗的阅读，充实自身的古诗储备量。同时，在教学活动设计时，有意识地把审美教育的内容与古诗进行有机融合。其次，根据幼儿的认知发展水平和不同年龄的幼儿对美的追求不同来选择古诗，低年龄段的幼儿可以选择耳熟能详的古诗进行欣赏，让幼儿在自己的先前经验中吸收新经验。大一点的幼儿可以为他们选择具有情节性和蕴含丰富哲理、情感的古诗进行欣赏。这里需要注意的是，教师要学会放手，让幼儿自己体验、自己感受古诗的美。最后，幼儿教师在设计教学活动时，要考虑本班幼儿的学习经验和发展需求，开展丰富有趣的古诗活动，让幼儿在充分全面的参与中体会古诗审美教育的趣味，不断发挥古诗审美教育的价值。

2. 创设富有文化底蕴的古诗欣赏环境

环境对人的影响具有潜移默化和不可抵抗的特点。幼儿园的古诗审美教育与幼儿的一日生活紧密相连，因此，要为幼儿创设富有文化底蕴的古诗欣赏环境。首先，在幼儿园外部的环境创设中，可以通过多种途径进行装饰和布置，在班级墙布置上古典韵味的背景画，悬挂经典古诗词，在区角活动设置古诗文诵读，让幼儿在潜移默化中感受古诗的美。其次，在幼儿其他的活动环节中，有意识地设计融入古诗元素的活动。在集体欣赏活动中，幼儿教师可以通过多媒体网络，在幼儿欣赏古诗时，播放相适应的音乐或视频，给幼儿营造身临其境的氛围。当示范朗读时，教师要感情饱含地进行吟诵，让情感感染幼儿。在户外活动时，教师可以根据古诗创编小游戏或者开展古诗表演活动，增强幼儿对古诗的体验与参与感。同时可以开展"每日分享活动"，让幼儿分享自己熟悉的诗人，在与诗人的对话中，体会诗中蕴藏的智慧和精神。最后，可以通过家园共育的方式，让幼儿在家庭中也能受到古诗文的熏陶，家长可以为幼儿播放根据古诗改编的儿歌，让幼儿在日常生活中吟诵歌唱。幼儿天生对于美的事物会有追求和欣赏的欲望，教师将古诗的"美"与幼儿的生活环境相融合，创设出富有文化底蕴的古诗欣赏环境，让幼儿在生动且丰富的古诗审美教育氛围中不断感知、体验古诗的韵味和表达、创造古诗的情趣，使幼儿在"美"中成长，成长出"美"。

3.设计合理有效的古诗审美活动流程

古诗作为我国文学殿堂中的一朵奇葩，整体优美的句式、色彩鲜明的画面、和谐美妙的韵律以及含蓄内敛的语言和深沉真挚的感情，成为中国文学艺术中的瑰宝，是培养幼儿审美鉴赏素养的非常好的素材。在对教师教学活动的观摩中发现，当下幼儿教师在开展古诗欣赏活动时存在一个非常普遍的问题：教学活动的组织安排逐渐小学化，且活动的组织毫无自己的风格和特点，基本按照"介绍古诗名、诗人→初步诵读古诗→逐字逐句翻译古诗→一起背诵古诗"这种统一的模板组织古诗活动。这种程序的教学活动过于注重知识的积累，忽视幼儿对古诗审美的情感体验。古诗中蕴含的美的审美因素和特征被教师拆分成一个个索然无味的文字，在这样的情况下，幼儿更加无法品味和感受古诗的美与价值。因此，构建合理有效的古诗审美活动流程是非常重要的。

古诗审美的流程分为三个阶段，即感知阶段、体味阶段和感悟阶段，其中离不开幼儿审美心理的参与，即幼儿的审美感知、审美情感、审美想象和审美理解。首先，在古诗审美感知阶段最重要的是激发幼儿的审美兴趣。教师可以借助多媒体网络技术，将多媒体中的声音、画面、音乐与古诗欣赏活动有机地结合，让幼儿调动多种感官体会古诗的美，提高幼儿对古诗的审美兴趣与注意，调动幼儿欣赏古诗的积极性。其次，在古诗审美体味阶段，教师要为幼儿营造一个轻松、舒适、愉悦的欣赏氛围，让幼儿在古诗欣赏的过程中想说、敢说，充分给予幼儿审美表现和表达的机会，教师不要随意将自己的观点和意见强加于幼儿身上，让幼儿符合自己的言行且羞于表达自己的审美体味。最后，在古诗审美感悟阶段，让幼儿通过古诗的文字去理解古诗是具有很大难度的。教师要善于把古诗欣赏活动与其他领域的活动相融合，将古诗活动的内容和形式渗透到其他领域中，将古诗欣赏与唱歌、舞蹈、绘画、表演等艺术形式相整合，给幼儿提供自主表达创造的机会，这种以古诗为载体的融合式审美教育提高了幼儿审美教育活动的科学性和有效性。

4.采用多样的古诗审美教育方法

幼儿的认知发展水平和思维心理的特点决定了教师在进行古诗审美教育中需要采用多样的方法，带给幼儿全方位的审美感知，让幼儿全身心地参与到欣赏古诗的活动中。首先，教师可以采用形象教育法提高幼儿对古诗的审美鉴赏力。教师在开展活动的过程中可以通过图片、视频让幼儿直观感受古诗中美的意象和情境。同时要善于引导幼儿发挥自身的想象力，提高幼儿对于古诗描绘意象的想象力。善于利用幼儿思维跳跃和形象的特点，引导幼儿感知古诗中的具体形象，使幼儿产生审美愉悦，提高其审美鉴赏力和创造力。其次，教师可以运用情感体验教育法增强幼儿的审美体验。审美教育的本质是情感教育，情感是教育教学活动中认识主体结构中一个不可或缺的非智力因素。幼儿习得的经验需要通过自身的情感体验折射出来，教师开展古诗欣赏活动时，可以用自己的情感去影响幼儿，激发幼儿的审美欲望。古诗中蕴含着丰富的情感，古诗审美的过程也是情感体验的过程，是教师和幼儿的情感得以释放和抒发的过程。在这个过程中教师和幼儿的情感与诗人传达的情感相互融合，产生心灵的碰撞和共鸣。因此，在吟诵古诗中要注意用合适的语气来表达内心愉悦、激昂、感慨的情感。最后，教师还可以采用个体教育的方法，提高幼儿对于古诗审美的能力。由于幼儿自身的性格特点和生活体验存在着鲜明的差异，在审美教育的过程中，幼儿会对同一个审美对象产生不同的审美体验，审美感受也会出现千差万别。比如，在每次活动结束之后会让幼儿进行审美评价，这时教师不能阻止和干涉幼儿产生不同的审美体验感，应尊重和认同幼儿对于审美对象合理的评价，让幼儿在与同伴的沟通交流中化解审美冲突，不断建立、健全自身的审美标准。整个活动过程，教师要给予幼儿感受美、表现美、创造美的时间与空间，不断提高幼儿的审美感知力、想象力、表现力与创造力。

第七章
幼儿园传统墩绣艺术教育与实践

一、幼儿园传统墩绣艺术教育

（一）幼儿园传统墩绣艺术教育的意义

1. 中华传统文化传承发展的需要

《关于实施中华优秀传统文化传承发展工程的意见》中提出，把中华优秀传统文化"贯穿于启蒙教育、基础教育、职业教育、高等教育、继续教育各领域"。这要求我们在幼儿教育阶段也要将有关传统文化的内容融入幼儿日常生活中，使中华优秀文化传承从幼儿抓起。唯有如此，才能使我们的传统文化艺术得到真正的传承。

2. 北方传统墩绣艺术发展传承的需要

墩绣艺术作为我国北方特有的一种艺术表现形式，广泛地存在于北方地区，如在甘肃省各地均有发展，但是随着我国轻工业及纺织技术的快速发展，这一特有的艺术也逐渐地趋于消失。因此，对墩绣艺术的继续传承与发展就显得尤为重要。

3. 传统文化艺术促进幼儿艺术素养发展的需要

《3—6岁儿童学习与发展指南》及《幼儿园教育指导纲要（试行）》中指出，在日常教育中，应引导幼儿接触生活中美好的事务，丰富幼儿的感性经验；引导幼儿欣赏艺术作品，激发幼儿表现美和创造美的情趣，同时为幼儿提供自由表现的机会，鼓励幼儿运用不同的艺术形式表达自己的经验和感受。而中华传统艺术文化传承千年，多数均源自于劳动人民的生活实践，且与生活紧密相连。因此，幼儿园传统文化艺术教育更能促进幼儿艺术素养的提升与发展。

4. 墩绣艺术教育活动促进幼儿艺术欣赏水平的发展

在幼儿园区域活动中，通过创设艺术展示区的形式，营造良好的艺术欣赏氛围，为幼儿展示不同层次的墩绣艺术作品，引导幼儿对墩绣艺术作品的绣制手法、底图绘制、配色等多方面进行欣赏与分析，感受墩绣艺术作品的同时，提高艺术欣赏能力。

5. 墩绣艺术教育提升幼儿创造力的发展

幼儿园墩绣艺术教育活动有助于提升幼儿创造力的发展，主要体现在墩绣艺术活动实践的全过程中。墩绣艺术教育过程主要有底图的设计、配色和绣制三方面。在底图的设计中，幼儿自主创造设计自己喜欢的图案、情景；在绣线的选择中，幼儿根据底图设计创造性地选择绣线，并根据图案创造性地搭配绣线色彩；在绣制过程中，幼儿可以根据个人喜好对作品整体布局选用不同的绣制方法等，无不体现了幼儿的创造性思维与创造性能力。

（二）幼儿园传统墩绣艺术教育的基本内涵

1. 墩绣艺术

墩绣，在民间又叫墩花、掇花、掇绣、戳花、戳绣、剁花，属于北方的一个刺绣品种，由于此绣法在北方很多地区流传，不同的地区就会有不同的发音。制作墩绣的工具类似注射器上的针头，不同的是针尖处还有一个针眼，丝线穿过针头，再穿过针眼。刺绣的人拿针如同手执毛笔，针与布面垂直，刺绣时像小鸡捣米，轻墩布面，所以一幅作品花的时间特别长。墩绣看上去厚重、饱满，摸上去手感很松，正反面都有完整的图案，和中国四大名绣相比，它的立体感特别强，属于北方的一个特色绣种。

2. 幼儿墩绣艺术教育

幼儿墩绣艺术教育是指结合幼儿手部发育情况，对墩绣工具进行改良，采用较粗的绣针在绣布上引导幼儿通过自主创意绘画、配线、绣制、简单装裱的艺术教育过程。

3. 幼儿创造力

传统墩绣艺术教育活动中，幼儿创造力的发展主要表现在三个方面，一是在底图创意绘制过程中；二是在配线墩绣过程中；三是在装裱过程中。

（三）幼儿园传统墩绣艺术教育的目标

1. 幼儿园墩绣艺术活动课程的目标构建

幼儿园开展墩绣艺术活动课程目标的建构是幼儿园墩绣活动的基础与依据。幼儿园墩绣艺术活动课程目标主要分为两方面：

（1）幼儿园墩绣艺术活动课程总体目标

幼儿园墩绣艺术活动课程总体目标（表7-1）是"引导幼儿了解墩绣艺术形式及特点，激发幼儿对传统墩绣艺术的兴趣，促进幼儿的艺术欣赏水平与艺术创造力，传承传统文化艺术。"

（2）幼儿园墩绣艺术活动课程的阶段性目标

幼儿在认知、理解及操作能力方面具有明显的年龄特点。因此，在幼儿园开展墩绣艺术活动时，应当根据幼儿年龄特点要求，有针对性地构建发展目标（表7-2）。

小班：幼儿墩绣艺术活动目标侧重于欣赏与简单的涂鸦绘画基础培养。

中班：幼儿墩绣艺术活动目标侧重于初步了解墩绣艺术技法的应用、线条画基础培养与基本色彩搭配的培养。

大班：幼儿墩绣艺术活动目标侧重于幼儿能够在布面上进行简单的线条画

绘画，并能够进行简单的墩绣作品绣制。

即幼儿园墩绣艺术教育活动目标的开展分为欣赏—创作—操作三个阶段。

表 7-1　幼儿园墩绣艺术教育总目标

内　容	目　　标
墩绣艺术感受	1. 对美术作品、工艺品等感兴趣，懂得感受美、欣赏美。 2. 欣赏作品的造型、色彩、构图，知道对称美、协调美，会多角度评价自己和他人的美术作品。
墩绣艺术表现	1. 运用丰富的色彩和线条构思，画出人物、动物的主要特征，注意深浅、冷暖色搭配。 2. 熟练地选择工具和材料，综合各种技能塑造结构较复杂的形象。 3. 能大胆进行意愿画创作，并根据主题表现一定的内容和情节。 4. 会用自己喜欢的方式制作物体，表现简单的情节和形象，注意装饰美。
墩绣艺术创造	1. 能按命题构思作画，大胆想象，画面主题突出，布局合理，构图有新意。 2. 喜欢做做玩玩，按照自己的意愿，创造性地用艺术作品布置环境，进行小制作。
墩绣艺术技能	1. 能在布面进行底画创作并沿底画进行墩绣。 2. 自主配色，进行墩绣。

（四）幼儿园传统墩绣艺术教育内容体系的建构

幼儿园开展墩绣艺术教育活动，内容有两方面，一是通过活动引导幼儿体验和感受传统墩绣的艺术美与生活应用；二是引导幼儿利用传统墩绣艺术技艺创造美。因此，在进行墩绣艺术活动内容建构时，要以这两方面为依据。同时，还要兼顾不同年龄阶段幼儿的认知、理解特点确定墩绣艺术教育内容。具体内容见表 7-3 和表 7-4.

表7-2 幼儿园墩绣艺术教育年级目标

内容＼年级目标	小班上学期	小班下学期	中班上学期	中班下学期	大班上学期	大班下学期
墩绣艺术感受	愿意参加墩绣活动，对墩绣艺术欣赏活动、对墩绣艺术作品感兴趣。	喜欢依赏色彩鲜艳、造型简单的物品和美术作品，有集中注意观察的习惯。	感受生活中美好的事物，欣赏与有关的墩绣美术作品。	能与同伴欣赏、交流自己和他人的墩绣艺术作品。	对美术作品感兴趣，懂得感受美、欣赏美。	欣赏美术作品的造型、色彩、构图、对称美，会多角度评价自己和他人的美术作品。
墩绣艺术表现	1.学习正确的握笔、作画姿势，会有序摆放材料及安全使用材料。2.会用画笔大胆涂鸦。	1.选择喜欢的颜色作画，愿意地涂色并涂匀涂满。2.能塑造简单的物体形象。	1.能用各种点、线条和形状表现物体的基本结构和主要特征。2.会用粗针线观绣简单物象，塑造物体主要特征。	能用多种颜色和墩绣工具作画，会简单布局。	1.运用丰富的色彩和线条构思，画出人物的主要特征，注意深浅、冷暖色搭配。2.熟练地进行各种工具和技能塑造材，结构较复杂的形象。	1.能大胆进行意愿画创作，并根据主题表现一定的内容和情节。2.会用自己喜欢的方式制作物体，表现简单的情节和形象，注意装饰美。
墩绣艺术创造	绘画中有初步的想象，能简单添画。	自由想象，会随意地进行绘画。	能根据自己的想象进行底画轮廓创作。	乐意想象，会利用墩绣工具和材料进行美术创造活动，表现主要形象特征。	能按命题构思作画，大胆想象，画面主题突出，构图合理，布局合理。	喜欢做游戏玩，按照自己的意愿，创造性地运用艺术作品布置环境，进行小制作。
墩绣艺术技能	了解墩绣艺术作品的特点。	能用自己的话说出墩绣艺术作品的特点。	认识墩绣工具，知道其用法。	学习熟练绷图、穿针的方法，能在布面进行墩绣。	能在布面进行底画创作并沿底画进行墩绣。	自主创作、自主配色，进行墩绣。

表 7-3　幼儿园墩绣艺术教育课程内容（上学期）

内容	形式	年龄段		
		小班	中班	大班
欣赏	集体教学	1.最爱小动物（墩绣动物欣赏） 2.美丽的花布	1.向日葵 2.色彩王国 3.线条的旅行	1.星月夜 2.创意动物 3.印象派 4.家乡美如画 5.春天的森林
	区域活动	美工区： 1.幼儿常见动物墩绣作品 2.幼儿常见的自然现象墩绣作品（星星、月亮、太阳、云朵等） 3.幼儿常见的交通工具墩绣作品	美工区： 1.动漫形象墩绣作品 2.各种动物墩绣作品 3.各种风景、植物等墩绣作品	美工区： 1.各类名家作品墩绣展示 2.各类印象风格墩绣作品 3.各类组合墩绣作品
表现	集体教学	1.小猫绕线团 2.小泡泡和大石头 3.毛毛虫的衣服 说明：一般正常教案以画为主。	1.各种各样的线 2.毛线画 3.创意布面画 说明：设计为墩绣(轮廓绣)教案。	1.最好的朋友 2.我的家乡 3.大海 说明：设计为墩绣(满绣)教案。
	区域活动	美工区： 1.毛线团、各种形状缠绕工具 2.毛毛虫轮廓板及各种形状彩色卡纸 3.油画棒、拓印颜料、拓印图板、图画纸	美工区： 1.认识墩绣工具 2.了解墩绣工具的用法 3.练习布面作画	美工区： 创意墩绣，为幼儿提供不同大小、材质的绣布；不同粗细、颜色的绣线及绣针。引导幼儿自主创作。
创造	主题活动	通过多种方式以多种艺术形式培养幼儿艺术欣赏、表现与创造的能力。	引导幼儿进行创意线条画活动。	墩绣艺术展
	生活活动	引导家长为幼儿制作小手帕，并应用于日常生活。	在三八妇女节、六一儿童节等活动中,展示幼儿创造的墩绣艺术作品。	将幼儿墩绣艺术教育与幼儿生活结合，引导幼儿将墩绣艺术应用于生活。

表 7-4　幼儿园墩绣艺术教育课程内容（下学期）

内容	形式	年龄段		
		小班	中班	大班
欣赏	集体教学	1. 灯塔 2. 星星和月亮 3. 填添画：小鸡	1. 动漫乐 2. 动物朋友 3. 美丽的风景 4. 和小草的约会	1. 创意风景画 2. 创意色彩 3. 奇葩画
	区域活动	美工区： 1. 幼儿常见动物墩绣作品 2. 幼儿常见自然现象墩绣作品（星星、月亮、太阳、云朵等） 3. 幼儿常见交通工具墩绣作品	美工区： 1. 动漫形象的墩绣作品 2. 各种动物的墩绣作品 3. 各种风景、植物等墩绣作品	美工区： 1. 各类墩绣展示 2. 各类印象风格墩绣作品 3. 各类组合墩绣作品
表现	集体教学	1. 创意手掌画 2. 玩颜色 3. 梅花图	1. 瓶子装饰画（毛线装饰） 2. 线条画 3. 布面画	1. 色彩对对碰（冷暖色彩的搭配） 2. 长长短短戳戳绣（长短绣法的了解） 3. 奇葩画
	区域活动	美工区： 1. 提供颜料、毛线、图画纸、胶水等材料 2. 提供墩绣工具、各种布及易摩擦的笔	美工区： 1. 提供墩绣制作流程图 2. 提供墩绣工具、毛线、各种布及易摩擦的笔	美工区： 为幼儿提供不同大小、材质的绣布；不同粗细、颜色的绣线及绣针。引导幼儿自主创作。
创造	主题活动	通过多种方式展示幼儿作品	引导幼儿进行创意线条画活动	墩绣艺术展
	生活活动	引导家长与幼儿一同绣制各种生活用品	引导幼儿用个人作品装饰生活环境	将幼儿墩绣艺术教育与幼儿生活结合，引导幼儿将墩绣艺术应用于生活

1. 小班墩绣艺术课程教育内容

根据小班幼儿认知发展特点及墩绣艺术特点，墩绣艺术教育活动内容主要为墩绣艺术作品欣赏，涂鸦活动（用各种图形拼摆动物、轮廓画等）和颜色的基本认知。

2. 中班墩绣艺术教育课程内容

进入中班，幼儿各方面相比小班具有不同程度的发展，因此中班墩绣艺术教育课程内容主要为：

①幼儿了解墩绣艺术创作基本技法（绷圈、戳针）；

②能够进行创意线条画的布面绘画；

③能够根据绘画作品进行简单配色。

3. 大班墩绣艺术教育课程内容

大班幼儿墩绣艺术课程内容主要侧重于幼儿布面绘画的创造力和绣技的纯熟程度：

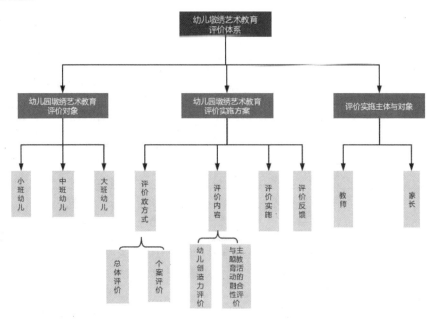

图 7-1 幼儿园墩绣艺术教育评价体系

①幼儿能够熟练地进行墩绣活动；

②幼儿能够在布面进行创造性绘画并进行绣制。

（五）基于创造力发展的幼儿墩绣艺术发展水平评价

幼儿园墩绣艺术教育评价体系（图7-1）的建构有幼儿园墩绣艺术教育评价指标体系的建构、幼儿园墩绣艺术教育评价实施方案的建构、评价实施主体与对象的建构三方面。

在教育实践中，从审美感受、艺术表现和想象创造三方面对幼儿创造力发展进行综合评价。制定"幼儿园墩绣艺术发展水平评价方案"要求，对幼儿墩绣创造力发展水平进行总体评价，制定总体评价表，由教师对各年龄段幼儿发

表 7-5 幼儿墩绣艺术教育发展评价（小班第一学期）

一级指标	二级指标	三级指标	评价提示	评价方式	评价要求	发展情况		
						优秀	良好	再努力
墩绣艺术发展水平	审美感受	愿意参加墩绣艺术欣赏活动，对墩绣艺术作品感兴趣。	参与性、主动性	日常观察	1.能积极主动投入活动。（优秀）2.在教师指导下愿意参与活动。（良好）3.不愿参与欣赏活动。（再努力）			
	艺术表现	1.学习正确的握笔、作画姿势，会有序摆放材料及安全使用材料。2.会用画笔大胆涂鸦。	1.正确握笔 2.横竖线、曲线、螺旋线、圆的画法。	作品分析实际操作	1.会运用简单线条组画，画面突出主题。（优秀）2.线条应用不是很流畅，知道围绕主题绘画。（良好）3.会在纸上涂涂画画。（再努力）			
	想象创造	绘画中有初步的想象，能简单添画。	能否想象添画	作品分析	1.能有目的地添画，丰富作品内容。（优秀）2.愿意动手随意添画。（良好）3.不会添画。（再努力）			

表 7-6　幼儿墩绣艺术教育发展评价（小班第二学期）

一级指标	二级指标	三级指标	评价提示	评价方式	评价要求	发展情况		
						优秀	良好	再努力
墩绣艺术发展水平	审美感受	喜欢欣赏色彩鲜艳、造型简单的物品和美术作品，有集中注意观察的习惯。	观察、注意力	日常观察	1.会集中注意力观察美术作品，有积极的审美体验。（优秀） 2.有初步的观察习惯。（良好） 3.在教师引导下观察。（再努力）			
	艺术表现	1.选择喜欢的颜色作画，愿意涂色并涂匀涂满。 2.能塑造简单的物体形象。	1.线和图形组画。 2.按轮廓涂色。	作品分析实际操作	1.能进行简单的组合画。涂色均匀，知道按轮廓进行涂色，掌握简单的泥塑技能。（优秀） 2.知道用线条表现组合作品，能按轮廓涂色。（良好） 3.能根据要求作画，线条、色彩等的运用方面还不是很好。（再努力）			
	想象创造	自由想象，会随意地进行绘画。	想象、画	作品分析	1.能根据想象进行创作活动。（优秀） 2.愿意动手尝试制作，有初步的想象力。（良好） 3.在教师指导下进行创作活动。（再努力）			

表 7-7 幼儿墩绣艺术教育发展评价（中班第一学期）

一级指标	二级指标	三级指标	评价提示	评价方式	评价要求	发展情况		
						优秀	良好	再努力
墩绣艺术教育发展水平	审美感受	感受生活中美好的事物，欣赏与自己生活有关的墩绣美术作品。	欣赏	日常观察	1.能主动欣赏相关美术作品。（优秀）2.在教师引导下欣赏有关作品。（良好）3.愿意与同伴学习、欣赏作品。（再努力）			
	艺术表现	1.能用各种点、线条和形状表现物体的基本结构和主要特征。2.会用粗针线戳绣简单物象，塑造物体的主要特征。	1.用点、线条、图形完整表现物体特征。2.墩绣技能表现简单物体。	作品分析实际操作	1.线条流畅、画面完整、突出主题。（优秀）2.能表现物体的主要特征。（良好）3.画面特征不明显，主题不突出。（再努力）			
	想象创造	能根据自己的想象进行底画创作轮廓。	操作、创造	作品分析	1.能根据提供的材料进行创作活动。（优秀）2.喜欢动手制作。（良好）3.能在同伴引领下进行创作。（再努力）			
	墩绣能力	会穿线、绷圈	穿线、绷圈	实际观察	1.掌握画、穿线、绷圈的初步技能。（优秀）2.愿意动手尝试制作，但有一定困难。（良好）			

表 7-8　幼儿墩绣艺术教育发展评价（中班第二学期）

一级指标	二级指标	三级指标	评价提示	评价方式	评价要求	发展情况		
						优秀	良好	再努力
墩绣艺术发展水平	审美感受	能与同伴欣赏、交流自己和他人的墩绣艺术作品。	欣赏、交流	观察活动评价	1. 能主动与同伴欣赏、交流自己和他人的作品。（优秀） 2. 愿意欣赏同伴作品，能和同伴交流自己的作品。（良好） 3. 愿意与同伴交流作品。（再努力）			
	艺术表现	用多种颜色和墩绣工具作画，会简单布局。	使用工具、布局、简单戳绣技能	作品分析	1. 会用多种绘画工具作画，能合理布局、运用多种颜色表现作品。（优秀） 2. 知道画面布局，丰富画面内容。（良好） 3. 在画面内容、色彩或布局方面不是很合理。（再努力）			
	想象创造	乐意想象，会利用墩绣工具和材料进行美术创造活动，表现主要的形象特征。	选择工具、表现物体。	作品分析	1. 会根据需要选择材料进行创作，准确表现物体的形象特征。（优秀） 2. 能初步表现物体特征，会运用材料进行创作。			

表 7-9　幼儿墩绣艺术教育发展评价（大班第一学期）

一级指标	二级指标	三级指标	评价提示	评价方式	评价要求	发展情况		
						优秀	良好	再努力
墩绣艺术发展水平	审美感受	对美术作品、工艺品等感兴趣，懂得感受美、欣赏美。	对称美、二方连续图案	谈话	1.有积极的审美体验，懂得感受、欣赏美术作品。（优秀） 2.能在教师指导下感受、欣赏作品。（良好） 3.在同伴引领下建构相关经验。（再努力）			
	艺术表现	1.运用丰富的色彩和线条构思，画出人物、动物的主要特征，注意深浅、冷暖色的搭配。 2.熟练地选择工具和材料，综合各种技能塑造结构较复杂的形象。	绘画人物、动物、色彩搭配、线条运用。使用工具、材料。	作品分析实际操作	1.作品突出主题、能通过构图准确表现物体特征，会用深浅、冷暖色搭配。（优秀） 2.能围绕主题进行创作，表现物体特征，知道运用色彩搭配表现作品。（良好） 3.知道围绕主题创作，但在构图或色彩运用方面不是很准确。（再努力）			
	想象创造	能按命题构思作画，大胆想象，画面主题突出，布局合理，构图有新意。	主题、构图、布局	作品分析	1.主题突出、构图合理、构思新颖。（优秀） 2.有主题、布局合理、构图完整。（良好） 3.知道围绕主题构思进行创作。（再努力）			

表 7-10 幼儿墩绣艺术教育发展评价（大班第二学期）

一级指标	二级指标	三级指标	评价提示	评价方式	评价要求	发展情况		
						优秀	良好	再努力
墩绣艺术发展水平	审美感受	欣赏作品的造型、色彩、构图，知道对称美、协调美，会多角度评价自己和他人的美术作品。	欣赏	活动评价	1.能从作品的造型、色彩、构图等方面感受、评价作品。（优秀） 2.知道多角度去评价作品。（良好） 3.能主动欣赏、评价他人的作品。（再努力）			
	艺术表现	1.能大胆进行意愿画创作，并根据主题表现一定的内容和情节。 2.会用自己喜欢的方式制作物体，表现简单的情节和形象，注意装饰美。	主题、内容、色彩	作品分析实际操作	1.能围绕主题进行意愿画创作，内容、情节丰富。（优秀） 2.能大胆进行意愿画创作，有一定的内容和情节。（良好） 3.画面有主题、情节。（再努力）			
	想象创造	喜欢做做玩玩，按照自己的意愿，创造性地用艺术作品布置环境，进行小制作。	操作、想象	实际操作	1.能根据提供的材料进行创造性的制作。（优秀） 2.按意愿进行制作活动。（良好） 3.喜欢小制作，愿意动手参与活动。（再努力）			

展情况根据评价指标及评价提示进行总体评价。同时，教师根据评价方案要求，结合墩绣教育活动，采用分组观察的方式对个体幼儿进行个别化观察。并将结果与总体评价情况对比，进行分析与反思，进而对教育内容、教育目标及教育手段进行适度的调整与完善。具体内容如表 7-5 至表 7-10 所示。

二、幼儿园墩绣艺术教育活动的开展策略

（一）以课程理念为指导，将墩绣艺术教育融入区域活动

在幼儿园主题教育活动中，将墩绣教育活动与主题活动中的艺术领域结合，引导幼儿在区域活动中以墩绣的艺术形式展示对主题教育内容的理解，是墩绣活动与主题活动结合的形式之一。

以区域活动为载体开展的墩绣活动主要集中在美工区活动中。主要分为以下活动：墩绣艺术作品欣赏、墩绣艺术创作以及墩绣艺术的生活化应用。

1. 主题活动中的墩绣艺术欣赏活动

在区域欣赏活动中，根据主题活动，为幼儿提供具有鲜明主题特点的艺术作品引导幼儿观察欣赏，既满足了幼儿对主题内容的深入认知，又促进了幼儿对墩绣艺术欣赏水平的发展。如：在"花儿朵朵开"这一主题中，教师为幼儿创设多种墩绣花朵作品，引导幼儿多角度进行欣赏与分析。

2. 主题活动中的墩绣艺术创作活动

基于主题活动区域性的墩绣艺术创作活动主要分为三方面：一是墩绣艺术工具的了解与使用；二是墩绣艺术的基本创作（底画创作）；三是墩绣艺术的创作。

墩绣艺术工具的了解与使用是墩绣艺术创作的基础，这个阶段的幼儿主要从绣针的使用、绣线的配色、掇绣技术等方面进行基本的了解与练习。在这个阶段教师仅对绣针和掇绣技术进行指导，其他方面引导幼儿根据对墩绣艺术作品的欣赏经验及自己的生活感受与创造性自主开展。

墩绣艺术作品的创作是幼儿园墩绣艺术教学目标的最终体现。主要从三方

面表现：一是幼儿在底画创作中表现出来的想象力与创造力；二是在绣制过程中对配色、粗细绣针的使用以及针脚（长短）的配合等方面表现出来的创造性，这不仅是艺术的创造力，更是思维的创造力。

3.幼儿园主题活动的墩绣艺术的生活应用

艺术源自生活，服务生活。将幼儿园墩绣艺术教育与幼儿生活融合，让幼儿体验艺术与生活的共通，是墩绣艺术教育的目的之一。根据主题活动的要求，在每个主题活动的总结中，可以引导幼儿以墩绣艺术展示的方式对主题活动内容、形式、结果等进行综合的艺术展示，不仅创新了主题活动展示的形式，且激发了幼儿对墩绣艺术活动的兴趣。如，在庆祝"三八"妇女节主题活动中，引导幼儿用墩绣方法给妈妈送一块手帕、一个手提袋或一个茶杯垫等方式表达自己对妈妈的爱；在春天的主题活动中，可以引导幼儿观察周围环境的变化，用墩绣的形式展示春天的特征等。还可以引导幼儿了解墩绣艺术在生活中的装饰性用途，激发幼儿用墩绣艺术作品美化自己的生活。如，引导幼儿为家庭创作墩绣装饰品（靠垫、装饰画、桌布等），为自己设计制作一个墩绣的笔袋或小布包等。

（二）以层次性管理，提升区域墩绣活动的有效性

区域活动的开展是在层次性管理之下有序开展的，要使墩绣活动在区域活动中有效开展，必须借助区域活动的层次性管理。

1.明确墩绣艺术活动所占区域活动的时间比重。

墩绣艺术活动融于区域活动，并不意味着每天的区域活动必须开展墩绣活动，而是根据主题活动需求及幼儿发展实际需求开展的。这就要求教师要明确墩绣艺术活动所占区域活动的时间比重，即以某一个时间为单位（周、月），开展不同层次的墩绣活动。如：每月开展墩绣艺术欣赏活动1次、每周开展墩绣底图创作活动1次、每周开展墩绣实践创作1次等。

2.墩绣艺术活动的阶段性材料的投放与要求。

在区域中开展墩绣艺术教育活动，意味着墩绣艺术教育活动是区域活动的一部分。在管理中也应当遵从区域活动管理的要求，教师对墩绣艺术活动所需的材料应当根据幼儿发展水平的不同进行投放与管理。墩绣艺术教育的目标及内容不是一成不变的，而是根据幼儿的发展水平有所调整的。如：在一个班级中不论幼儿属于哪个年龄段，都应当投放多种层次的墩绣材料，引导幼儿了解、探索使用方法，而不应该单纯地依据目标及内容分解进行单一投放。

三、区域活动中的墩绣艺术教育活动开展应遵循的原则

（一）墩绣艺术教育活动的欣赏性与创造性原则

墩绣艺术教育与幼儿园主题教学活动的融合在于传承古典艺术创作风格，并激发幼儿利用墩绣艺术形式进行创造性活动。而不是单纯地掌握墩绣艺术手段，切不可将墩绣技艺的掌握作为幼儿园墩绣艺术活动的终极目标。

（二）墩绣艺术教育活动的生活化原则

墩绣艺术教育在幼儿园的开展要与幼儿生活各类活动结合，使艺术服务生活，从生活中激发创作热情，才是墩绣艺术活动在幼儿园教育教学活动中有效实施的基本原则。

（三）墩绣艺术教育应遵从幼儿身心发展特点

在幼儿园开展墩绣艺术教育活动的过程中，教育目标的建构、教育素材的选择和制作方法等都应当根据幼儿身心发展的不同而有所侧重。不应"一刀切"。

总之，幼儿园墩绣艺术活动的开展不是简单地一戳了之，而应该根据幼儿身心发展特点，将墩绣活动与幼儿园教育教学有机融合，真正做到墩绣艺术教育活动服务幼儿、传承艺术的目的。